U0327363

泰国政治体制与政治现状

史国栋　李仁良　刘　琪　　编著
陈松松　常　翔

苏州大学出版社

图书在版编目(CIP)数据

泰国政治体制与政治现状/史国栋等编著. —苏州：苏州大学出版社，2016.3
ISBN 978-7-5672-1051-6

Ⅰ. ①泰… Ⅱ. ①史… Ⅲ. ①政治体制—研究—泰国 ②政治—研究—泰国 Ⅳ. ①D733.6

中国版本图书馆 CIP 数据核字(2016)第 050672 号

泰国政治体制与政治现状
史国栋　李仁良　刘　琪　陈松松　常　翔　编著
责任编辑　许周鹣

苏州大学出版社出版发行
(地址：苏州市十梓街 1 号　邮编：215006)
苏州工业园区美柯乐制版印务有限责任公司印装
(地址：苏州工业园区娄葑镇东兴路 7-1 号　邮编：215021)

开本 700 mm×1 000 mm　1/16　印张 16　字数 238 千
2016 年 3 月第 1 版　2016 年 3 月第 1 次印刷
ISBN 978-7-5672-1051-6　定价：68.00 元

苏州大学版图书若有印装错误，本社负责调换
苏州大学出版社营销部　电话：0512-65225020
苏州大学出版社网址　http://www.sudapress.com

前 言

泰国，近些年在世人眼中成为一个矛盾形象的集合体。自在而美丽的国土，本应处处透出轻松愉悦的气息，却从未间断地上演着一幕幕的政治大戏：各阶层各政治势力所组成的政党、时常遭遇信誉危机的民选政府、能左右一时的军方、能够有近乎发动“司法政变”一般权力的宪法法院、持续不断走上街头的各阶层民众……你方唱罢我登场。

1932 年，泰国民主化进程伊始，君主立宪制度的确立使得王室力量得到了很大程度上的保留，拉玛九世王普密蓬国王是民间的王，更是人民心中最终的庇护者，在历次重大事件中扮演了关键角色。20 世纪 30 年代，政变中少壮派军人发挥了关键作用，军人干政的传统便沿袭至今，泰国社会对军人干政有时流血抗争有时却揖手相迎；从被压制到 1997 年之后得到蓬勃发展，时至今日开始扮演着主要角色。如此，政党之间、政党和军队、各类力量在国家发展的道路上，满是利益冲突和政治博弈。

民主是不完美的，走向民主的道路更是曲折的，但民主毕竟是人类社会的光明指引。任何一个民主实践过程都是人类政治智慧的结晶，供参考和学习。基于此，编者在本书中梳理了影响泰国当前民主进行的各种因素和各类势力的成长进程，记录泰国民主进程中的重大事件，泰国民主体制建设的里程碑成就，也着重展示了他信政府之后十余年的一些标志性事件和重要节点。希望读者能够熟悉泰国政治跌宕起伏的大戏背后的一些决定性因素。

“泰”意为“自由之地”。在这纷纷扰扰尚未谢幕的政治大剧中，最

可歌可泣值得赞美的是泰国民众。他们位卑却挚爱自己的国家，渴望公平正义、希望国家能有更好的发展，希望为子孙谋求福祉。为此，他们不畏酷暑走上街头，不畏强权敢于直言，一次次忍受变革带来的阵痛却一次次怀揣着希望继续抗争。Benjamin Disraeli 曾说过，“在政治中，实验即意味着革命”，面对着不尽善的社会现状，泰国人民勇于实践、勇于革命的精神将成为铸刻历史的锐刃，彪炳史册。

目 录

contents

上编

下编

164

一、行政区划

194

二、人口、民族、民俗、宗教及语言

220

上编

Shang Bian

一、国情概览

国名：泰王国

面积：513 120 平方公里

首都：曼谷

政体：君主立宪制

国家元首：拉玛九世王普密蓬·阿杜德

第 29 任总理：巴育·占奥差

行政区划

共 76 个府和曼谷直辖市，这 77 个府级行政区一般被划分为 5 个主要地区，包括北部、东北部、东部、中部与南部地区，下设 877 个县，7 255 个区，74 999 个行政村。曼谷直辖市市长为直选。

国民

人口总数：65 720 530 人（位列世界第 20 位）

人口密度：126 人/平方公里

劳动力：3 840 万

民族：泰族 89%，其他民族 11%

宗教信仰：佛教徒 94%，穆斯林 4%，基督徒 1%，其他 1%

语言：泰语为官方语言；另外还有马来语以及其他方言

教育：15 岁以上识字率 92.6%，实行 15 年免费教育

平均寿命：男性 71 岁，女性 78.4 岁

主要经济数据

2014 年国内生产总值：3 850 亿美元

2014 年人均 GDP：约 5 647 美元

经济增长率：2011 年 7.8%，2012 年 6.5%，2013 年 2.9%

货币名称：泰铢

2014 年汇率：1 美元≈32.48 铢

2014 年法定最低日工资：300 铢/天

2014 年通货膨胀率：2.18%

失业率：0.7%

曼谷

曼谷直辖市面积 1 568.7 平方公里，属热带季风气候，是泰国政治、经济、文化等中心，经济占泰国经济总量的 44%。逾半数曼谷人有华人血统。

地理

泰国位于中南半岛中南部，地处北纬 5°30″～20°21″和东经 97°30″～105°30″之间。国土面积在东南亚地区中仅次于印度尼西亚和缅甸，居第三位，位列世界第 50 位。

泰国陆地边境长约 3 400 公里，与缅甸、柬埔寨、老挝、马来西亚接壤，是通往以上国家以及中国南部的天然门户，地理位置优越。泰国东西临海，东南环抱泰国湾，西南面向印度洋的安达曼海，海岸线总长 2 614.4公里。

泰国国境内大部分为低缓的山地和高原，地形多变，可分为西、中、东、南四个部分。

泰国西部为山区，是以喜马拉雅山脉延伸的他念他翁山脉为主的山地，一直由北向南走向。位于清迈府的因他暖山（海拔 2 576 米）是泰国的最高峰。

东北部是呵叻高原，这里夏季极干旱，雨季非常泥泞，不宜耕作。

中部是湄南河平原。由曼谷向北，地势逐步缓升，湄南河沿岸土地物产丰饶，是泰国主要农产地。曼谷以南为暹罗湾红树林地域，涨潮时没入水中，退潮后成为红树林沼泽地。

泰国南部是西部山脉的延续，山脉再向南形成马来半岛，最窄处称为克拉地峡。

对外关系

泰国奉行独立自主的外交政策，重视周边外交，积极发展与世界各国的睦邻友好关系，维持大国平衡。泰国也重视区域合作，2013 年至 2015 年担任中国—东盟关系协调国，积极推进东盟一体化和中国—东盟自贸区建设，支持东盟与中日韩合作。重视经济外交，推动贸易自由化，积极参与大湄公河次区域经济合作。发起并推动亚洲合作对话（ACD）机制，积极参加亚太经济合作组织（APEC）、亚欧会议（ASEM）、世界贸易组织（WTO）、东盟地区论坛（ARF）和博鳌亚洲论坛（BFA）等国际组织活动。

国家标志

国旗 长宽之比为 3 ∶ 2，由红、白、蓝三色组成。红色代表民族，象征民族拥有无穷的力量与献身精神；泰国绝大部分民众笃信佛教，白色代表宗教，意喻纯洁无瑕的神圣色彩；蓝色代表王室，象征王室在各族人民和神圣宗教的拱卫之中。

泰国国旗

民族（红色）、宗教（白色）、王室（蓝色）

国徽 徽标中鹰面人身的神灵名叫那莱王，是泰国民间传说中庇护生灵的尊神。那莱王鸟头鸟腿，红臂红翼，身披光彩夺目的金色盔甲，威武雄壮，令人心生虔诚与敬意。

泰国国徽

国歌 国歌主旨为鼓励泰国军人上前线奋勇作战，保家卫国。

歌词内容：泰国是泰族子孙的国家，
每寸土地归泰人所有。
泰族国家之所以能长存，
因为泰族人民酷爱团结。
我们热爱和平但不惧怕战争，
国家的独立不容任何人来蹂躏。
为国捐躯不惜最后一滴血，
愿泰族国家繁荣昌盛，万岁！

国花　金链花　金链树的生命力很强，可长到15米高，树木表面光滑，树皮为浅灰色，叶子则一丛一丛地聚在一起。每当干燥季节来临时，金链花会在树梢开满像瀑布般的黄橙色花朵，落英缤纷，绚烂华丽，但又不失一种亲民姿态。

泰国国花金链花

二、历史沿革

1. 早期孟人、泰人政权

孟人是东南亚地区古老的民族之一，曾主要活动在泰国的中部和南部。公元3世纪前，孟人在泰国领土上建立了最早的国家，中国古籍称为“林阳”和“金邻”。林阳在今泰国西南部，并延展到缅甸西部，首都位于蓬迦。金邻地处林阳之东的湄南河流域，首府在现今的佛统府附近。泰国湾古称金邻大湾，即得名于金邻。中国三国时期，吴国使节曾出使扶南（今柬埔寨）等国，归来后在记载中曾提到这两个国家。这也是中国史书对泰国境内国家的最早记述。史书记载仅10万人口的林阳国“皆侍佛，有数千沙门”，可见佛教在该国家的地位非常重要。此时期，泰国马来半岛北部也有很多孟人小国迭兴，如狼牙修国、箇罗国。

公元7世纪，湄南河下游兴起了一个非常重要的孟人国家——堕和罗底国。即唐代僧人玄奘《大唐西域记》卷十三中所说的堕和罗体国，新旧唐书皆称为“堕和罗”或

“投和”。堕和罗底国以今日佛统为中心，东到孔敬府，西至干乍那武里府，南至叻武里府，北达猜纳府。中国古籍《通典》记载：该国民“多以农商为业……国市六所，贸易皆用银钱”，“有佛道，有学校，文字与中夏不同”。佛教文化上，堕和罗底国曾受印度文化影响至深，8世纪形成自己的佛教风格。10世纪，随着柬埔寨吴哥王国的强盛，堕和罗底国被吴哥王国征服，成为其属地。

公元7世纪下半叶，在今泰国北部曾有位公主“帕娘章黛维”建立哈利奔猜国，中国《蛮书》称为“女儿国”。该公主曾在今南奔府附近建立500所佛寺，至今该地仍有佛寺沿用当时的佛寺名称。

公元12世纪初，华富里地区又兴起一个国家——罗斛。部分史学家认为该国也为孟人所建，可能曾为堕和罗底国属国，在堕和罗底国衰落时独立出来。罗斛国农业发达，物产殷富，曾多次遣使到中国访问和进行贸易活动。14世纪后期，该国被泰人政权所灭。

公元12世纪以后，居住在湄南河上游的泰族各部落建立了几个独立的国家，包括以清迈为中心建立的兰那泰王国和以今帕夭府为中心建立的帕夭国。

兰那泰王国意为百万稻田国。中国史称八百媳妇国——传说因国王有妻八百，各领一寨而得名。兰那泰的孟莱王先后降服附近几十个泰族部落，建立部落联盟国家。1296年兴建了清迈城（意即新城）并以此为国都。1338年又兼并了帕夭国，成为泰北强国。

兰那泰王国人信奉佛教，与中国西双版纳毗邻，所使用的兰那泰文与中国西双版纳的傣文相似。早在中国元朝时两国已有交往。洪武二十一年（1388年），明朝曾在兰那泰设宣慰司，两国使节往来频繁。这个国家存在了近5个多世纪，直到1803年，曼谷王朝才把兰那泰并入暹罗（中国对泰国的古称）版图。

泰国史	中国史
3 世纪　泰国中部和南部出现国家金邻、林阳 5—7 世纪　马来半岛孟人小国迭兴 7—8 世纪　湄南河下游堕和罗底国兴起 10 世纪　堕和罗底国被吴哥王国征服 12 世纪　罗斛国兴起，14 世纪该国被灭 12 世纪以后　兰那泰王国和帕夭国建立	220—280 年　三国 265—420 年　西晋东晋 420—589 年　南北朝 581—618 年　隋朝 618—907 年　唐朝 907—979 年　五代十国 960—1127 年　北宋 1127—1279 年　南宋 1271 年　忽必烈建立元朝，灭南宋，统一中国

2. 素可泰王朝

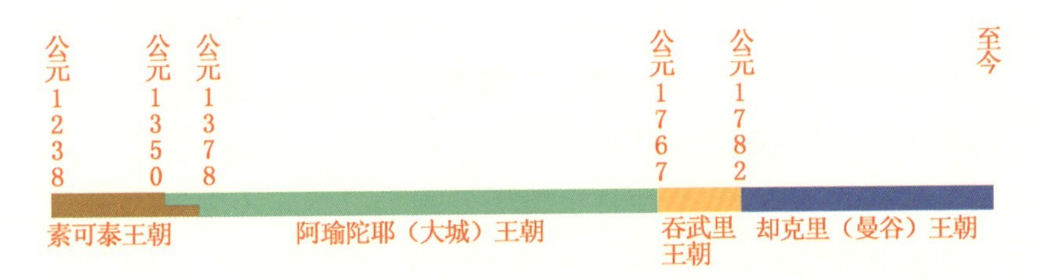

泰国王朝更迭图

泰族作为泰国的主体民族，很早就已能自给自足，但他们的军事力量在很长一段时期内却相当薄弱。公元 13 世纪初，泰族被邻国吴哥王朝的高棉族所征服。13 世纪后，吴哥王国七世王去世，国势渐衰。泰国境内的泰族才借机发展起来。

1238 年，湄南河上游的几个泰族大公国联合起来，击败了吴哥驻扎在素可泰的真腊部队，并以素可泰为中心，建立了泰国历史上第一个王朝——素可泰王朝。素可泰在巴利文里的意思是“幸福的黎明”，新政权用“素可泰”作为第一个王朝的年号，以表明新时期的开始。

素可泰王朝是一个早期封建领主制国家，国王权力带有宗法性质。王朝成立之初，就开始四处扩张。到三世王兰甘亨国王时期，素可泰王朝达到鼎盛。

兰甘亨国王铜像

兰甘亨，中国史籍称敢木丁，因其卓著的文治武功被誉为“泰国之父”。兰甘亨19岁时，就随其父王与缅甸君主沙木槎作战。在父王危急时刻，兰甘亨驱赶战象，力挽狂澜，最终反败为胜。

兰甘亨最大的贡献在于下令将流行于素可泰地区的巴利文、吴哥文加以改造，创造泰文字母。约在1283年，泰文开始在全国流行。

兰甘亨即位后，继续在军事上扩张领土并卓有成就。首先，他创造性地建立了一套军政合一的制度，组建皇家大军，提高了军队战斗力。为巩固素可泰的独立地位，兰甘亨与另外两个以泰族为主体的国家兰那泰王国、帕夭国结成友好同盟，使得其向南扩张领土时无后顾之忧。他还注意与强大的元王朝建立了友好睦邻关系，争取元朝的支持，从而有利于攻打缅军。兰甘亨在位期间六次遣使访问中国。

兰甘亨统治时期，素可泰控制范围不但包括今日泰国中部的大部，还包括缅甸丹那沙林地区，南边到马来半岛北部。此时，素可泰王国已经成为中南半岛的一个强国。

在治国理政上，兰甘亨的政绩斐然。经济上采取鼓励生产、与民休养生息的政策，并且鼓励民众发展贸易。为了促进贸易的发展，他统一了货币和度量衡，取消了阻碍贸易发展的关卡，使城与城之间、国与国之间的通商更为方便。兰甘亨为了发展本国的陶瓷业，还从中国聘请制陶师傅和工人到素可泰开窑烧制陶器,使泰国制陶工艺的面貌焕然一新,并最终烧制出驰名东南亚的宋加洛陶器。兰甘亨在位时期,人民安居乐业,正如1292年兰甘亨碑铭记载:“水中有鱼,田里有稻,人们徜徉在路边之田野,牧其牲畜,从事所业。”

兰甘亨受人尊重的另一原因是他团结各族,以平等方式对待泰族以外的少数民族,如高棉人、马来人和华人。他本人亦崇尚佛教,并派信徒到锡兰(今斯里兰卡)学习佛经,让他们回国后宣扬小乘佛教教义。这些吸收邻近民族的文化,取其所长,融合在泰民族文明之中的政策使泰国形成了自己光辉灿烂的民族文化,为泰民族品格的形成奠定了基础,这一时期也被称为“泰族文明的摇篮”。

兰甘亨死后,之后的几代君主因连年对外征战,国势日衰。1378年,素可泰王国成为南方新兴国家阿瑜陀耶(暹罗王国)的附属国,1438年,素可泰王朝灭亡。

泰国史	中国史
1238—1438年　素可泰王朝 1338年　兰那泰王国兼并帕夭国,成为泰北强国	1127—1279年　南宋 1271—1368年　元朝

3. 阿瑜陀耶(大城)王朝

前期:王朝建立、发展与戴莱洛迦纳王改革

14世纪初,湄南河下游的素攀王乌通在周围扩张势力。1350年,乌通率部迁都阿瑜陀耶,兴建城邦脱离素可泰,建立阿瑜陀耶王朝(又称大城王朝),乌通王即位为拉玛铁菩提一世。

阿瑜陀耶王朝建立之后，乌通王迅速征服了湄南河中下游部分地区。又经过多代国王的征战，到17世纪，阿瑜陀耶王朝已经控制了今泰国大部分领土，其势力还远达马来半岛南端的马六甲，东面的柬埔寨也成为其附属国。阿瑜陀耶王朝再次成为中南半岛强国。

戴莱洛迦纳王统治时期采取一系列政治和经济改革措施，建立以部为基础的封建中央集权国家。君主之下设政、军、财、田四大臣，加强中央集权，并加强民法和刑法的制定。为了加强国王、王室和贵族对土地的控制与占有，阿瑜陀耶王朝颁布“萨迪纳制”，按照贵族爵位、职务以及官衔大小授予一定土地。该制度沿袭了几百年，成为泰国封建社会的基础性制度。

后期：王朝中兴与灭亡

16世纪中叶，阿瑜陀耶王朝西边的缅甸日渐强盛，暹缅之间开始了连绵不断的战争。1549年起，缅甸开始大举进攻阿瑜陀耶城。1564年，在缅军的强大攻势下，阿瑜陀耶王朝被迫议和。1569年，缅甸利用阿瑜陀耶王朝内部矛盾，征服并控制阿瑜陀耶王朝达15年之久。作为附属国的阿瑜陀耶虽保留国制，但国王任命需要得到缅甸允可，一切政务都听命于缅甸——阿瑜陀耶王朝名存实亡。这期间，阿瑜陀耶政权因为屡次遭到柬埔寨的侵扰，而得到缅甸保留军队的许可，这为复国提供了可能。

那莱王被尊奉为泰国守护神
图为其坐骑大鹏

那莱王作为储君，年幼时曾被阿瑜陀耶王朝送到缅甸当人质。1584年，那莱王宣布阿瑜陀耶王朝独立，自立为王，带领暹罗军民与缅甸较量。1592

年，缅甸王储率 25 万大军进攻暹罗，双方在素攀展开激战。那莱王把缅甸王储斩杀在象背上，缅甸惨败，两万缅军陈尸战场。这场著名的象战大长了暹罗人的志气。

多年的暹缅战争之后，那莱王于 1595 年打到缅甸首都勃固，使暹罗转败为胜。之后的 150 年里，缅甸对暹罗再没有进犯之举。

那莱王一生为捍卫国家独立而立下赫赫战功，受到泰国人民的敬仰，死后被奉为泰王国的守护神。后被传说成一个有巨大神力的金翅大鹏鸟，成为国徽的主要图案。

直到 1765 年，暹缅边境发现瑞兽白象，两国皆争称“象现之地”为自己的领土。缅甸以此为借口，兵分三路进攻阿瑜陀耶王朝，围阿瑜陀耶城 14 个月，1767 年 4 月攻城。阿瑜陀耶王朝至此灭亡，传位共 34 代，存在了 417 年。

阿瑜陀耶王朝与西方国家的交往

16 世纪后，随着西方人的到来，阿瑜陀耶王朝与西方国家的交往增多。1516 年，阿瑜陀耶王朝与葡萄牙签订了通商条约，这是泰国与西方国家签订的第一个通商条约。之后，阿瑜陀耶王朝与西班牙、荷兰、英国、法国都建立了通商贸易关系。但西方殖民者通过这些条约，开始了对阿瑜陀耶王朝的掠夺。

1617 年 8 月，荷兰以武力获得了泰国全境的经商权、兽皮出口的专营权以及领事裁判权 。

1612 年，英国使臣也带着英国国王的书信来到阿瑜陀耶王朝要求通商，因为没有达到意图，制造借口意图攻占丹老，但被阿瑜陀耶王朝击退。

面对荷英的步步逼迫，那莱王采取“以夷制夷”的策略，引入法国势力制衡荷、英两国。但之后，法国人势力越来越大。1688 年，那莱王驾

崩，宫廷中希腊宠臣华尔康和法国军队密谋夺权，前象军统帅帕碧罗阁亲王率义军反抗，将法军逐出阿瑜陀耶王朝。此后的140年，阿瑜陀耶王朝和继起的两代王朝都采取闭关政策，断绝了同西方国家的往来。

泰国史	中国史
1350—1767年　阿瑜陀耶王朝统治时期。开展与葡萄牙、荷兰、法国等国家的海上贸易。华侨进入泰国日益增多 1767年　阿瑜陀耶王朝被缅甸打败，王朝灭亡	1368—1644年　明朝 郑和七次下西洋，此后华侨相继移居东南亚 1644—1911年　清朝

4. 吞武里王朝

1767年，阿瑜陀耶王朝沦亡之后，泰国人民掀起了驱逐缅甸的复国运动。在这场斗争中，华裔领袖郑信统帅的部队成为抗缅的一面旗帜。

缅甸进犯时，郑信曾率领军队参与阿瑜陀耶城守卫战斗，城破后率部突围。之后，他以东南沿海地区为基地，组织抗缅力量。各阶层人民迫切希望国家恢复独立和统一，纷纷投奔郑信。1767年，经过一系列激战，郑信军队全歼阿瑜陀耶城缅甸守军，光复阿瑜陀耶。同年郑信在湄南河西岸吞武里建立都城，登基为王，史称吞武里王朝。

达信大帝

郑信，华人后裔。他的父亲郑镛出生于中国广东澄海华富里（今汕头市澄海区上华镇），清雍正年间南渡暹罗。郑信出生于阿瑜陀耶，他的泰国名字叫达信（Taksin），史称“达信大帝”或“吞武里大帝”，是泰国人心目中五位“大帝”之一。

登基后，郑信继续削平各地割据势力，收复失地。1770 年，郑信重新统一全国，之后继续对周围国家进行征战，先后恢复对北大年、吉打等马来苏丹国的控制。后又征服老挝。他曾派使臣到中国朝拜清政府。

郑信政权败于内政。为了加强王权，争取商业阶层和中小封建主的支持，吞武里王朝施行的一些政策损害了僧侣、贵族和封建主的利益，也使得农民和手工业者感到失望。

1782 年，故都阿瑜陀耶发生了声势浩大的反对封建主事件，郑信被杀。另有一种说法称郑信被乱党困于宫中并最终死在监狱。

历时 15 年的吞武里王朝就此覆灭。

泰国史	中国史
1767—1782 年　吞武里王朝统治时期 1767 年　收复阿瑜陀耶城迁都吞武里 1782 年　吞武里王朝覆灭	1644—1911 年　清朝

5. 曼谷王朝

王朝巩固期——拉玛一世至拉玛三世

曼谷王朝的创立者为披耶却克里，曾为吞武里王朝大将，后趁乱自立为王，建立却克里王朝，却克里为一世王，史称“拉玛一世”。

拉玛一世为郑信少年好友,在驱逐缅甸侵略军和国内统一战争中,立下汗马功劳,吞武里王朝后期执掌军政大权。开创新王朝后,拉玛一世对外极力扩张。拉玛一世在位期间,泰国完全恢复了阿瑜陀耶王朝极盛时的版图。拉玛一世对内发展封建中央集权统治,制定宫廷礼仪,把国王塑造成国家的化身。

拉玛一世　在位时间 1782—1809 年

拉玛二世　在位时间 1809—1824 年

拉玛二世在位期间,泰国又占领柬埔寨大片领土。拉玛二世加强王室对行政部门的控制,建立王室精锐部队。1809 年,拉玛二世遣使清朝,入贡请封,受封为暹罗王。在位期间,泰国持戒备防卫的心理重新与西方接触。拉玛二世本人是杰出的诗人和文学家,他曾将印度古诗《罗摩衍那》翻译成泰文经典著作《拉玛坚》,这部文学作品也成为泰国古典舞蹈和喜剧的基础。

拉玛三世是一位非常虔诚的佛教徒，被欧洲人形容为“苦行僧”。在位期间，泰国先后在对越南和柬埔寨的战争中获胜。拉玛三世在位期间遣使入清朝进贡五次。

拉玛三世　在位时间 1824—1851 年

拉玛三世继续向欧洲敞开大门，与英国签订了第一个条约，进行对外贸易，印刷术、西医和造船技术开始传入泰国。

王朝巩固期的社会发展

曼谷王朝基本承袭了阿瑜陀耶王朝的封建中央集权政治体制，政治制度上十分注意中央集权的强化，设立军务部、内政部、财务部、宫务部、农务部和地方政务部，并把全国行省划分为四等，部长和省督都由王室成员担任。在政府部委的上一级，还设立了监察职位。拉玛一世还下令汇集阿瑜陀耶王朝法典，这就是著名的《三印法典》。

曼谷王朝初期的君主继续实行等级森严的“萨迪纳制”，加强中央集权统治。

曼谷王朝的国王皆倡导佛教，建立僧侣的权威和威信，并大兴土木修建佛寺，推动了佛教的发展。

曼谷王朝初期，经过战乱破坏的经济得到了恢复。19 世纪初，水稻耕植面积逐渐扩大，除了恢复原有种植区农业外，湄南河三角洲的肥沃平原也被开拓为新的耕作区。同时，甘蔗、胡椒的种植发展起来，制糖、制盐和金属加工工业也随之兴起，航海、造船以及与之相适应的木材开

采加工工业也随着对外贸易的发达而发展起来。曼谷王朝的贸易和生产的发展吸引了中国南方尤其是广东沿海居民前来谋生，这些中国侨民受到当地居民和政府的欢迎。19 世纪 30 年代，曼谷的 40 万居民中有一半是华人。

从 19 世纪 20 年代开始，泰国同西方国家的贸易逐步扩展。曼谷成为全国的贸易中心和国际化进出口贸易的大商港。大米开始成为泰国最重要的出口产品。

王朝改革期——拉玛四世至拉玛六世

拉玛四世　在位时间 1851—1868 年

拉玛四世，史称蒙固大帝，为二世王之子，三世王之弟。12 岁时即被父亲委任为武装力量总司令。在与哥哥拉玛三世争夺王位时，年老贵族们说他“不堪大任”，便拥戴他的哥哥为国王。于是，他周游全国，探访民情，之后又远走他乡到欧洲游历求学，从而开阔了眼界，也掌握了大量知识。哥哥去世后，47 岁的他继位成为拉玛四世。

即位以前多年的周游，使得拉玛四世具有了朴素的民主思想，成为第一位准许平民可以亲近的国王。他精通佛学，重视科学，通晓多国语言，知识广博，是泰国历史上第一位接受西方思想、真正了解西方文化与科学的国王。

拉玛四世之前的泰国政权都因袭僵化的封建统治，拉玛四世一改遗风，以极大的魄力和政治勇气，实行全面的社会改革，为随后的拉玛五世朱拉隆功更为全面的改革铺平了道路。拉玛四世的另一个巨大功绩是聘请英国女教师安娜·列奥诺温斯教育儿子们，使得继位的拉玛五世成为一位深受现代西方思想影响的国王。

拉玛四世还创建了上座部佛教的《正法派》，将佛教教义严格化，祛除民间宗教及迷信成分，要求僧侣过午不食，并且这顿饭必须是化缘得来的。

拉玛五世，史称朱拉隆功大帝，泰国现代化之父，被认为是泰国历史上最伟大的君主之一。自幼受英国教师教育，能讲一口流利的英语，16 岁即登上王位。面对西方殖民的加剧，他发动了一场自强求富的全面改革运动，在亚太地区的近代化改革中，影响仅次于日本明治维新运动。

拉玛五世　在位时间 1868—1910 年

拉玛五世还是第一个和欧洲各国王室建立直接联系的泰国国王，并分别于 1897 年和 1907 年两次到欧洲旅游，悉数到访当时欧洲最发达的国家（意大利、奥匈帝国、俄国、瑞典、丹麦、德国、荷兰、英国、法国等）。拉玛五世还将他的儿子们送到欧洲各国读书。拉玛五世共有 33 个儿子，几乎全部在欧洲受教育，后来曼谷王朝的王室子女到西方各国接受教育成为王室的传统。

朱拉隆功在位 42 年，通过改革增强了泰国国力。在改革的同时，朱拉隆功在英国和法国之间周旋，艰难地维持了国家独立。

拉玛五世于1910年逝世，后人为了纪念他的功绩，在曼谷议会大厦前的广场上竖立了他的铜像。以他的名字建造的朱拉隆功大学，也具有较高的国际知名度。

拉玛六世　在位时间1910—1925年

拉玛六世是泰国历史上首位出国留学的国王，一位彻底西化的人物，也是任期都在封建专制政体下的最后一位暹罗君主。拉玛六世即位后延续改革之路。第一次世界大战期间派兵参加协约国一方，之后加入国际联盟。拉玛六世在政治上并没有太大作为，1912年，接受君主立宪思想的年轻军官曾密谋推翻其王朝统治，兵变未遂。拉玛六世酷爱音乐和戏剧，是一位“爱好艺术尤甚政治”的人。

西方殖民和王朝改革

19世纪中叶，西方殖民主义势力开始在东南亚各国划分势力范围，争夺殖民地。1855年（拉玛四世时期），英国派遣鲍林到泰国，威逼利诱，逼迫泰国签订不平等的《鲍林条约》，条约规定英国享有治外法权，可以在泰国自由贸易、永久居住以及鸦片免税进口等权利。《鲍林条约》中有关领事裁判权等条款，破坏了泰国的司法独立。条约中关于关税、自由贸易和自由开矿等一系列规定又在实际上剥夺了泰国的关税自主权，打破了泰国封建王朝一贯奉行的外贸垄断政策，便利了英国工商业资本对泰国的肆意掠夺。《鲍林条约》严重损害了泰国的主权，为西方资本主义的入侵打开了大门。

到1898年，泰国先后被迫与美、法、丹麦、荷兰、德国、瑞士、比利时等15个国家签订了各种不平等条约。自此，泰国的大门被迫完全打开，泰国逐渐成为欧洲列强的商品倾销市场和廉价原料供应地，封建社会进一步解体。

在严峻的形势面前，从19世纪中叶开始，拉玛四世开启了自上而下改革的序幕。在经济上他解放人身限制，限制买卖个人为奴的条件；法律方面主张人人平等，王子犯法与庶民同罪；开始发展新式交通，提倡宗教自由。对外，拉玛四世开始采取“以夷制夷”的策略。

拉玛四世说：“像我们这样一个不大的国家。两三面都被强国包围，有什么办法呢？……唯一能真正保护我们的武器，只有我们的一张嘴和一颗充满健全思想与智慧的心。”

1873年，拉玛五世朱拉隆功亲政，开始了更为全面彻底的改革。政治上改革官员制度，仿照西方成立内阁；改革地方行政体制，取消封爵授田封建制，改为发放薪俸的制度；地方官员统一由中央任命和调动。至此一套近代化的国家机器逐渐建立起来。

拉玛五世还采取了一些民主化的尝试，成立了一个由12位经国王任命的代表组成的顾问委员会，在一些重大问题上征询委员会的建议。拉玛五世还建立了比较成熟的司法体系；经济上大力修建铁路、公路，兴办邮电，废除各行业中的包税制，将王室府库同国库分开。拉玛五世晚年，尽管泰国每年在基础设施上的投入很大，但国家财政仍连年有余。

军事上，政府终结了落后的战时募兵制，建立了一支常备军，从1905年起实行义务兵役制，在丹麦人里舍尔的帮助下创建了一批现代军校，重点加强海军建设；教育上建立了一批大学、专科学校，平民教育在全国开始普及，出众的学子不论出身都被授予国家奖学金，并送往欧洲深造。对西方人创办的教会学校采取宽容态度，同时实行宗教信仰自

由的国策。拉玛五世的改革中最值得一提的是废除奴隶制。拉玛五世亲政的第二年就颁布限制奴隶制的法令，到他去世的前两年，曼谷王朝基本完成了废奴运动。

当时，泰国的所有邻国乃至亚洲的绝大部分国家都已沦为欧洲列强的殖民地。面对列强的步步紧逼，拉玛五世让出一部分非核心土地换取国家的主权独立：将老挝的一部分割让予法国（1893 年签署《曼谷条约》，1904 年又被迫放弃湄公河以东的土地），将南部四个以马来人为主的行省交还给英国作为殖民地（1909 年与英国签订《曼谷条约》）；聘请英国顾问，授予英国商人部分矿产开采权等措施换取英国对泰国主权的保护。这样，巧妙地利用英、法之间的矛盾，执行了“中间路线”的外交方针。该方针类似拉玛四世时期的“以夷制夷”。泰国最终成为一个介于东南亚与英、法势力之间的“缓冲国”而未被瓜分。

拉玛七世　在位时间 1925—1935 年

拉玛五世曾说过类似拉玛四世的话：“我们是一个小国，人力有限，不能与列强进行战争，必须八面玲珑与人无争，不能过分亲近某一强国，亦不可过分疏远某一强国。”

君主立宪期——拉玛七世至今

拉玛七世为拉玛六世的弟弟，曾在欧洲接受过高等教育，王储意外早逝，使他在并未准备充分的情况下登上了王位。1932 年“6·24 政变”，拉玛七世被迫把权力移交议会。由于与政府不和以及健康问题，1935

年，拉玛七世自动退位，随后转居英国，直到逝世。

拉玛八世为拉玛七世的侄子。在瑞士读书时期继位，议会指定三位训政大臣代表其执政。1946 年 6 月 9 日，拉玛八世在洛桑大学完成他的法学博士学位前四天，在王宫寝室神秘中弹身亡。拉玛八世生前从未正式加冕为国王，后来被追封为国王。

拉玛八世　在位时间 1935—1946 年

拉玛九世全名普密蓬·阿杜德，为拉玛五世的直系孙子，拉玛八世的弟弟。1927 年出生在美国马萨诸塞州，1946 年 6 月 9 日登基，1950 年 5 月 5 日加冕，是目前全世界在任时间最长的国家元首，被尊称为“大帝”。

拉玛九世　1946 年登基　在位至今

拉玛九世

上任之后，普密蓬国王勤政爱民、泽被众生，努力实践其在加冕仪式上的誓言“朕将秉持公道治国，为广大人民谋福祉”，受到泰国人民的爱戴和尊敬。

6. 1932 年政变和君主立宪制确立

1932 年 6 月 24 日，人民党领导的一次政治运动结束了素可泰王朝以来相沿 600 多年的封建君主专制统治，建立了君主立宪政体，此次运动史称“1932 年立宪革命”。

泰国民族资产阶级兴起

泰国资本主义经济发展在政治上的反映和西方政治思想的长期影响成为这场政变发生的主客观因素和社会基础。

拉玛五世（1968—1910 年）的改革，让泰国民族资本主义逐步发展壮大。壮大的民族资产阶级成为泰国一股不可忽视的力量。19 世纪 80—90 年代初期，泰国各类企业纷纷开设，创办了公用事业和发展运输行业的股份公司。一些国有企业开始兴起，大米加工工业从 19 世纪 50 年代起出现，到 19 世纪末成为国内主要的工业部门。从 1889 年到 1910 年，曼谷大型碾米厂（每天可碾米 100 ~ 200 吨）从 23 所增加到 59 所，1930 年增加到 71 所，多数使用蒸汽机，其他小型企业则有数千家。这些企业多数是民族资本，采用的是摆脱了人身依附的雇佣劳动制度。此外，金融资本家也开始出现。1906 年，曼谷设立了第一家泰国人独自经营、资本 350 万铢的暹罗商业银行。第一次世界大战结束后，根据当时英国领事的报告，曼谷比较现代化的工厂有：水泥厂、肥皂厂、卷烟厂、皮革厂、汽水厂以及封建贵族等合资经营的锯木厂、橡胶厂和制糖、制盐、酿酒、火柴厂等。

作为民族资产阶级一个组成部分的华侨和华人资产阶级，是泰国当时反对外来压迫和反对本国封建保守势力的重要力量，具有较强的阶级意识。当时的中国正进行着轰轰烈烈的反帝反封建斗争，孙中山曾于1905年和1908年两次到曼谷，在旅泰华侨中宣传革命思想，募集革命资金，得到华人华侨的热烈响应。

西方资产阶级的新思想也开始在泰国传播，这是当时薄弱的民族资产阶级的泰国能够发生资产阶级革命的重要条件之一。拉玛六世(1910—1925年)时期，泰国一些报刊就曾发出要求改变君主专制制度的呼声，这些舆论熏陶了民族资产阶级。1912年，泰国部分思想激进的下层军官和少数受过西式教育的知识分子曾策划通过上层政变来改变现行政治制度，因策划泄露而遭到镇压。这是资产阶级企图推翻封建专制统治的首次尝试。

同时，华侨和华人资产阶级从中国与西方世界所发生的变化中也受到了资产阶级民主思想的熏陶。

比里·帕侬荣与人民党

比里·帕侬荣(Pridi Phanomyong，中文名陈嘉祥，1900年出生)，第三代华裔，父亲为稻米批发商人。比里·帕侬荣1920年到法国留学，期间接受了西方民主主义平等、自由思想的影响，同时也广泛接触了其他思想流派，博采众长，再结合泰国当时的实际，形成了自己的思想体系。1927年2月5日，他与六位思想激进的热血青年在巴黎创建暹罗人民党(People's Party又称人民党)，并且选举比里为临时主席，制定了党的六条基本纲领：纲领第一条，人民党的宗旨是将绝对民主制改成立宪君主制。在暹罗实行六项原则：(1)获得绝对的民族独立；(2)维护法律秩序；(3)促进经济福利；(4)确保人人平等；(5)承认人民的完全解放和自由；(6)为民众提供教育机会。纲领第二条，采用政变的方式改变

政治制度。纲领第三条，参加会议的人组成人民党中央委员会，党的一名成员可以吸收两名新成员且需要中央委员会同意。纲领第四条，人民党的候选人要有献身国家的精神。纲领第五条，会议委托比里起草一个政变成功后即将实施的国家发展规划。纲领第六条，假如政变失败，其中一成员应照顾其他成员家人。

泰国社会阶级矛盾激化

1929—1932 年世界经济危机爆发，对已纳入世界经济体系的泰国是一个沉重的打击。国际市场对泰国的大米、橡胶、锡矿等需求大大减少，因此对当时泰国封建君主专制产生了很大冲击，生产萎缩，国库拮据，民众生活极为艰难。执政者为了减少国库开支，裁减大量政府官员和军警人员，从而也引起中下层军官对王室贵族和高级官员的不满，阶级矛盾尖锐化，要求改变君主专制政体的呼声越来越高。

1932 年政变

在这种形势下，以比里为首的人民党海陆军官提出“推翻贵族专政”、“建立君主立宪政体”的口号，于 1932 年 6 月 24 日凌晨发动政变。政变军队占领了王宫，逮捕了在首都的各部大臣、陆海空三军和警察要员，解除了御林军的武装，控制了曼谷铁路局、中央车站、电台和电话电报局等重要据点，接管了兵工厂，并宣布成立军政府。军政府立即向正在华欣宫避暑的国王拉玛七世呈递奏章，欢迎国王返回首都。人民党组成临时议会，国王被迫宣布接受立宪政体，于 6 月 27 日在曼谷签署了人民党起草的临时宪法。

宪法总纲规定：“国家最高之权力为人民所有”；“国王、人民议会、人民议会之议员、法庭”拥有行政权。国王是国家的最高领导，人民议会有权制定一切法律，经国王颁行后即生效力。如国王不承认，则议会审查后认为应颁布者，也成为有效力之法律。至于人民议会之议员，规定第一期由军政府推举临时代表 70 名为议员，第二期（6 个月后）议员分指定和选举两种，第三期（大约在 10 年后）则全部由人民选举产生。接着按宪法规定成立人民议会，非王族的军官和文官占大多数席位。此外还有律师、教育家、新闻记者、农业、工商业者等各界人民代表。新的内阁由新旧政治派别的代表组成，其中既有政变的发起者、著名的军官“四虎将”（披耶帕凤、披耶嵩、披耶立和帕巴塞）和著名的政治活动家、法学家、经济学家等，也保留了许多旧职人员，而且由其代表人物前法院院长披耶・玛奴巴功侯爵出任内阁总理，此举也为人民党有意调和政变集团同国王之间的关系。

临时会议通过了六点政纲，作为政府制定政策的准则。其内容要点：(1) 维持国家政治、法律和经济的独立自主；(2) 维持国家安全，减少犯罪行为；(3) 发展国民经济，制定国家经济方案，务使人民不受饥饿威胁；(4) 给人民以平等权利；(5) 在不危害上述原则之下，为人民谋求自由、福利；(6) 使人民大众有充分受教育之机会。同年 12 月 10 日，颁布了泰国历史上第一个永久宪法。

1933 年保皇派曾组织力量反扑。1933 年 2 月，首任总理披耶・玛奴巴功利用职权排挤比里和人民党。比里被指控为共产党嫌疑分子，被迫流亡国外。4 月，玛奴巴功奏请国王下令关闭议会，改组内阁，暂时停止实行先前所发的若干条文，颁布“防共条例”。1933 年 6 月 20 日，人民党少壮派军官集团发动“护法政变”，推翻玛奴巴功政府，重新恢复国民议会，废除 4 月 1 日复辟令，组成以披耶・帕凤裕庭上将为总理的新政府。同年 10 月受英法的支持，前国防大臣波旺拉德亲王率军队八个旅进逼曼谷。陆军部长披汶・颂堪率六个旅抗敌成功，巩固了君主立宪政体。1935 年，拉玛七世在英国发表声明逊位，其侄子继位为拉玛八世。1938 年，披汶・颂堪出任总理，开启了军人集团统治，也开启了军

人干预政治的先河。披汶·颂堪上台后逐步实行军人独裁统治，对内推行“国家主义”，掀起了一场持续多年的“泰化运动”，对非泰民族人民采取歧视政策，特别是排挤华人。对外推行“大泰唯国主义”和亲日政策，把泰国引上一条危险的道路。

总之，1932 年政变的结果，削弱了王室贵族垄断政权的势力，把国王的权力置于宪法的限制之下，一批受西方教育的新人登上了政治舞台。这是泰国历史发展过程中的一个重大转变。从此，长达近 700 年的泰国封建君主专制统治结束，泰国开始建立了君主立宪制。

二战中的泰国

1939 年第二次世界大战爆发，随后披汶政府被日本控制，直到 1945 年日本战败投降。1941 年太平洋战争爆发，日本帝国就希望泰国给予他们军事通行权，以此入侵英属印度和马来联邦。虽然泰国民众极力反对，但是披汶·颂堪领导的泰国政府认为：和日本友好要优于被日本征服。出于这个原因，泰国同意了日本的要求，日军很快进驻泰国，等同于军事占领。1941 年 12 月 21 日，日本诱迫披汶政府签订了日泰同盟条约，泰国被绑上日本战车。1941 年 12 月 25 日泰国向英美宣战。

日本占领泰国之后，在政治文化上加强控制，在经济上疯狂掠夺。泰国人民奋起反抗，1941 年 12 月泰国驻美国大使社尼·巴莫建立了抗日组织“自由泰运动”，1942 年 12 月，泰国共产党成立，联合各阶级抗日。

1944 年 7 月 24 日，亲日的披汶政府倒台，建立了宽·阿派旺为总理的政府。抗日斗争日益活跃。1945 年 8 月 15 日日本投降，次日泰国颁布和平宣言，并宣布对英美宣战无效。9 月 2 日，盟军军队进驻泰国。

7. 二战结束至 20 世纪 70 年代

披汶军人政权

1947 年 11 月，泰国军队以“反腐败，结束无能政府，重振军队尊严”为旗号，在屏·春哈旺的率领下，发动军事政变，推翻了文人政权，比里·帕侬荣和探隆流亡海外。军方结束了宽·阿派旺领导的文人政府，披汶第二次掌权，担任总理。但这次政权内部出现了两股新的势力，一股以警察总监炮·西耶暖为首，另一股以陆军司令沙立·他那叻为首，这两股势力和披汶势力一起成为泰国政府中的三股势力。

披汶上台后，依然推行“民族主义”政策排华，但在外交上改亲日为亲美，大肆剿共。披汶为了巩固自己的地位，削弱其他两派的力量，开始限制军人、警察干政，放松对社会的政治控制，取消党禁。披汶的民主化运动，最终落得一个“假民主，真独裁”的臭名。披汶和同伙为了赢得 1957 年的大选，想尽办法贿选、恐吓并对选票弄虚作假，这让民众十分反感。随后，立即爆发了大规模抗议活动，称这次选举为最肮脏的选举。而沙立·他侬在这次大选中却独善其身，甚至还因为在选举中保障了人民的人身安全，而大得民心。

沙立·他侬军人政权

1957 年 9 月，国防部长沙立发动政变，迫使披汶离开泰国。大选后，他侬·吉滴卡宗将军担任总理。1958 年 10 月沙立再次发动政变，1959 年 2 月沙立自任总理，并兼任海陆空三军司令和警察总监，独揽大权直到 1963 年病逝。

沙立执政后，加强军人独裁统治。沙立借助传统文化、泰王以及发

展经济来谋求合法性。他大力借助泰国传统的力量维护统治，认识到泰国官僚体系的“主从关系”结构，文武两集团的高层必须加强交流，才能获得政权的稳定。沙立还促使政治领袖与技术官僚联盟，同时进行威权统治，排斥民主活动。沙立努力争取泰王普密蓬的支持，提出“民族、宗教、国王”三位一体的口号，希望借助人民对泰王的热爱来增强自身的统治合法性。

沙立重视发展经济，沙立政府领导了泰国20世纪60年代开始的工业化运动，首次在泰国推行经济和社会发展计划。1960年沙立政府颁布了《鼓励工业投资法案》，修订贷款政策，吸引外资，刺激工业发展。在农业上粮食生产也有了较大发展。采用“推动经济发展，给予人民更好的生活，合理剥夺人民政治权利的极权统治”政策，奉行自由经济发展模式。他还以泰国传统的“父权主义”思想来进行统治。他说：“无论当今政治科学如何进步，一个仍深具价值且应该实践的传统泰国政府组织形式的原则就是家长制。国家如同一个大家庭，各级政府官员就像不同家庭的家长。各级官员必须记住他们所管辖的人民不是陌生人，而是大家庭中的子女、手足和亲人。”

1963年沙立病逝，沙立副手他侬担任总理，并与副总理巴博·乍鲁沙天元帅一起实行了长达10年的军人独裁统治。这十年，继续推行沙立的内外政策，军人独裁统治得到进一步强化。1958—1968年，泰国一直处于紧急状态，人民的自由权利被剥夺。1969年2月，泰国举行大选，执政党未获得压倒优势，但他侬政府并未放弃权力。1971年，他侬政府强行解散议会，废除宪法，禁止各种政治活动，重新实行紧急状态法，人民无奈强烈反对。1973年10月，曼谷首都师生举行示威游行，期间军队开枪镇压，史称“十月事件”。国王发表电视讲话，迫使他侬辞职流亡海外。

1973年，十四日大规模民主运动在态势即将失控之际，泰王以“仲裁者”的姿态出面调停，说服“三巨头”离开泰国，并成功疏散了示威群众。在这场运动中，泰王和群众的力量都有不同程度的提升，极大地挑战了军方的优势地位，改变了泰国的政治格局。

短暂文人统治

“十·十四民主运动”以后，泰王任命法政大学校长讪耶·探玛塞出任临时政府总理，开创了一个史称“民主实验”的阶段。此时期，军方力量降至1932年以来的最低点，但依然可以通过不合作的方式来影响文人政府的运作。比如，在社尼·巴莫总理希望进一步将军队从政府中排除出去时，吉·西瓦拉突然辞去国家安全总指挥一职，并撤走了在泰国南部进行“剿共”行动的军队，造成了社尼政府的下台。而在这个持续仅三年的“民主时期”，政治经济危机和社会动乱此起彼伏：三年总共罢工1 333次，示威323次，对政治家和农民领袖的暗杀事件达30起，最终导致了1975年的“流血选举”。政府更迭更是频繁，仅在1975年2月至1976年10月这1年零8个月的时间里，便出现了四次政府更替，克里政府持续了1年1个月零6天，其中这一阶段发生了极其严重的政治经济危机和社会动乱，而社尼的另外三届政府，第一届仅持续了28天，第二届持续了5个月零5天，第三届仅持续了6天。政府频繁更迭为军人再次干政提供了契机。1976年军方借镇压群众运动为由，发动军事政变，建立了他宁文人临时政府，结束了“民主实验”期。

江萨·炳军人政权

他宁文人政府比军人政权还要专制，这使得泰国人民清醒地意识到并非文人政府就比军人政府民主。而且他宁企图干预军队人事，判处军官死刑，挑战了军人的权威，侵犯了军方的利益，引发了1977年10月的军事政变。然而这场政变的成果却被少壮派军人集团所得，江萨出任总

理。江萨通过两种方式巩固其建立的温和军人政权：一方面，实施民主制度，开放党禁，取消社会戒严，开放舆论；另一方面，积极改善与文人官僚的关系，并将文人、商人和技术官僚融进自己的领导体系。江萨政权还于1978年颁布了目前为止泰国宪政史上有效期最长的宪法，该宪法是泰国由“官僚政体”向“半民主”政体转型的依据。然而，1978年宪法并未对江萨在1979年的大选中提供支持，江萨为了加强军方在新政权中的优势地位，有意将一些民选议员排挤出内阁，这种明显与民主背道而驰的行为，遭到了民众的抗议，加上江萨政府无法应对1980年开始的通货膨胀。最终面对压力，江萨宣布辞职。

8. 20世纪80年代至20世纪末

差猜·春哈旺军人政权

1980年3月，国会一致提名陆军司令、国防部长炳·廷素拉暖上将为政府总理。炳上将没有明显的军方派系色彩，也不加入政党，政治立场超然。他执政8年，为泰国民主化打下了有利的基础，并在1988年主动卸任，将权力和平地移交给民选的差猜政府。然而，值得注意的是，炳赋予了“军人从事国家发展计划”的权力。这是军人“以变图存”的方式。炳上将执政后，在政治上议会民主得到加强，减少了军队对政治的干预，扩大了人民的民主权利。炳还成功平息了1981年少壮派军人的政变，保持了泰国社会的稳定。外交上，坚持独立自主，反对强权政治和地区霸权主义，坚决支持柬埔寨人民抗击侵略，从而也呼应了中国和越南的军事战争。经济上采取了一系列发展经济的措施，使泰国经济保持了持续稳定的发展势头，加快了泰国成为新兴工业国的步伐。

1988年7月，炳卸任总理，差猜·春哈旺担任总理，组建了以商人为主的内阁，在其统治的三年时间里，泰国经济高速增长，年增长率均在10% 以上。对外政策上，强调外交要为国家经济发展服务，改善与越南、老挝等邻国的关系。然而，经济的快速发展并未给差猜政府带来多大的民众支持。差猜无法处理好军队内部的派系矛盾，也无法解决政府内部的腐败问题，最终导致 1991 年 2 月武装部队最高司令顺通 · 空颂蓬发动的政变。

五月事件

1992 年 3 月，泰国举行了新的大选，素金达出任总理。素金达延续炳上将的国策，然而民众已经不再满足于“半民主”裹足不前的现状，他们希望有进一步的改革举措，这导致了“黑色五月”事件的爆发。

4 月 20 日，反对政府的反对党在首都举行了 5 万人参加的示威游行。5 月 4 日，反对党又在首都皇家田广场组织 5 万人集会。5 月 17 日，曼谷 20 万群众走上街头举行示威，要求素金达下台以及修宪，事态发生急剧变化。18 日凌晨，军队强行驱散民众，造成流血事件，共有 50 人死亡，600 多人受伤，600 多人失踪，3 000 多人被捕。5 月 20 日在普密蓬国王的调停下，素金达军人政权垮台。

“五月事件”反映了泰国各阶层群众要求实行民主政治的强烈愿望和对军队长期干政的不满，显示了中产阶级在政治上的力量，对泰国政治的发展产生了重大而深远的影响。但是“五月事件”也使泰国的经济遭受重创，据估计经济损失达 1 000 亿泰铢。

1992 年 9 月 13 日，泰国再次举行大选，以民主党为首的几个反对党在选举中获胜，组成以民主党、新希望党、正义力量党、统一党、社会联合党联合执政的新政府。几个党推选民主党领袖川 · 立派出任政府总理。文人政党战胜亲军方的政党成功组阁，开始了日后长达 15 年的文人政府统治时期。

三、当今政治体制

1932年以前，泰国是一个封建君主专制的国家，国王拥有至高无上的权力。1932年6月24日人民党发动政变，推翻了近700年的封建君主专制统治后，泰国开始实行君主立宪制。在各类政治力量的参与下，在传统历史因素、宗教文化意识的影响下，在国际背景和国际进步思潮的带动下，泰国的民主道路不断前进但曲折反复。政党角逐胶着、政府和宪法频繁更迭是当今泰国政治的表象，其内在原因涉及经济社会结构的二元对立、多党纷争和军人势力对政治的介入、鼎盛的王权发挥的政治平衡作用，让“泰式民主”制度显得格外脆弱。

拉玛九世在位期间（1946年至今），泰国共发生了21次政变，15次政变成功，29位总理相继组建了61届内阁。

1. 更迭频繁的宪法

宪法是泰国君主立宪政体的核心和标志。1932年政变之后，人民党颁布了泰国第一部临时宪法，同年12月10日国民议会

通过了第一部正式宪法。宪法的颁布标志着泰国从此走上了有限的议会民主制的道路。

泰国多次政变之后的新政府上台，通常都要重新出台新宪法，因此泰国修宪频率之高世界罕见。自1932年至2014年8月，80余年的时间泰国共颁布了19部宪法。19部宪法中，有9部为临时宪法。

临时宪法 临时宪法的过渡时间一般为1～2年，但也有的临时宪法运行时间较长。例如，1959年沙立执政时颁布的临时宪法就执行了近10年时间，直到1968年才由新的正式宪法取代。2014年7月23日，泰国军方在政变后成立的“国家维持和平秩序委员会”（简称“维和委”）公布了已获国王批准并宣布实施的2014年临时宪法。临时宪法规定将成立立法议会，代替议会上下两院的工作，此后将由立法议会投票产生并由国王任命一名总理，成立临时政府。临时宪法还要求成立由36名成员组成的宪法起草委员会，负责起草新宪法。

正式宪法 正式宪法存在的时间也是长短不一。除了1932年和1978年制定的两部正式宪法运行时间在10年以上外，大部分宪法运行时间仅三四年。宪法的频繁更迭也反映了泰国民主进程的曲折性以及军人干政、政党斗争的尖锐性。

20世纪90年代至今，泰国宪法有三次重要的修订，一次是1992年“五月事件”后，一次是金融危机爆发后的1997年，一次是2007年发动军事政变推翻他信政府后颁布的宪法。

1992年宪法（第15部宪法） 1992年民众反对军人专政，军方为了重新掌权两度修宪。民众要求非民选议员的陆军司令素金达将军辞职，而素金达拒绝妥协并派兵镇压，造成流血冲突，最后在国王的干预下辞职下台。1992年6月，议会三读通过了宪法修正案，主要内容是总理必须由民选产生；下议院议长兼任议会主席；上议院权力只限于审议法律；议会第二期会议也可以辩论议案。

这次修宪对军方权力是极大的限制，保障了文官政府的运行，同时也体现了君主立宪制的基本原则。宪法宣布“泰国是以国王为国家元首的民主制度国家（第2条）”，同时也规定了“国家权力属于人民（第3条）”。宪法还强化和保障了人权，专门规定了“泰国人民的权利和自由”。新增加了“男女享有同等的权利”（第24条）；“个人享有政治权利”（第26条）。

1992年宪法首次规定了泰国采用上下院制组成议会，国王任命1人为议长。同时，宪法也进一步确立了议会的最高地位，以及立法权、行政权、司法权三权分立的制度。

宪法规定了“内阁总理必须是下议院议员”。

宪法规定了政党的法律地位，从法律上保证了政党活动的合法运行。另外，宪法表明“个人享有根据本宪法规定的、以国王为国家元首的民主制度的途径，组合成为政党，以从事政治活动的自由”（第44条第1款）。这对政党组建、政党地位、政党组织原则、党员权利、政党经费来源等做了规定，使泰国政党制度更加规范。

宪法新增了“国家的政策路线”和“地方行政”两章，详细列举了地方自治原则和地方议会的议员产生程序，确保地方自治原则和地方议会的议员产生程序，并确保有自治条件的地方均享有自治权利（第197条）；地方行政长官和地方行政总理委员会成员原则上应由选举产生，必要时根据宪法规定可实行任命（第199条）。

1997年宪法（第16部宪法） 泰国1997年宪法被泰国中产阶级称为民主发展进程中的里程碑，其核心是选举民主的“少数服从多数”的原则。

此次修宪是1992年之后，人民意识到政治腐败的根源，希望能起草一部强化政党体系，建立一个强有力的政府，并且鼓励人民直接参与政治活动的宪法。于是，泰国政府成立了一个专门起草新宪法的组织——

宪法起草委员会。宪法起草委员会由99名成员组成，包括学术界、企业界、政治经济界的代表，由前总理阿南·班雅拉春担任主席，起草工作长达5年。虽然宪法草案遭到既得利益者的反对，但在军方和国王以及公众舆论的支持下，新宪法得以顺利通过。

这部新宪法规定，泰国实行以国王为元首的民主政治制度；国王为国家元首和皇家武装部队最高元帅，神圣不可冒犯，任何人不得指责或控告国王；国王通过议会、内阁、法院分别行使立法权、行政权和司法权；议会分为上下两院，议员均由直选产生，主要职能为立法、审议政策、批准预算、监督政府等；政府总理来自下议院议员，由不少于五分之二的下议院议员提名，经过下议院表决并获得半数以上的票数通过，再由议会主席呈送国王任命；总理在解散议会前需要得到内阁批准并报告国王审批；在不信任案辩论期间不得解散议会。内阁成员共36人，下议院议员担任内阁职务时需要辞职，卸任时需要公布个人财产；上议院议员不隶属于任何政党。新宪法与以往宪法相比，更能体现民主。例如，以往宪法规定内阁部长可以是下议院议员，新宪法规定内阁成员必须辞去在议会中的职务；之前宪法对议员最低教育水平不设要求，而新宪法则规定议员必须持有大学学位；之前宪法规定由内政部管理大选，新宪法则以独立的选举委员会管理大选；之前宪法规定可以授权法院查封媒体，新宪法则保证新闻自由；之前宪法规定下议院议员共393名，由每个选区选出多名议员，新宪法则规定400名下议院议员由单成员选区选出，另100名议员则来自政党（政党名单制）；之前宪法规定选举在各个投票站计票，新宪法则规定以需要集中计算。

与以往历部宪法相比，1997年宪法是民主化程度最高的一部，涵盖领域广泛且结构完整而严谨，尤其对泰国政治运行的民主监督进行了充分完善，同时也达到了强化政党体制、建立强有力的政府的目的。

然而，1997年宪法是军事政变以后，在军队的主导下制定的，仍然带有军方意志的烙印。退休或转为文职的军队、警方人员可以进入下议院，继续发挥军队在政治上的影响力。同时，1997 年宪法无法有效地制约政治人物对权力的滥用，也无法有效打击贪腐。

2007 年宪法（第 18 部宪法） 2006 年，泰国军方发动政变推翻他信政府，政变军队废除了 1997 年宪法。2007 年 1 月，国家安全委员会任命 100 名负责起草新宪法的人选，开始新宪法起草工作。2007 年 8 月 20 日，泰国新宪法经公投获得通过，成为第 18 部宪法，被称为 2007 年宪法。

2007 年宪法分为总章、国王、公民权利、自由与义务、基本国策、议会、内阁、法院、权力监督、地方行政等 15 章 309 款。

此次宪法的主要规定：总理仍由民选选出，但任期为两届，总理直系家属不得在任何公司内控股；100 名下议院议员可以提出不信任议案，对总理及其他官员的不法行为进行审查，乃至要求其下台；高级政府官员不得在媒体集团中持股。最后一条尤其针对当时被推翻的总理他信。

宪法对议员条款的修改规定为下议院议员由民选改为委任，从而避免了民选议员被政党操纵的后果。上议员人数由 200 人减少到 150 人，众议员为 500 名。2007 年宪法是 2006 年军事政变推翻总理他信后于 2007 年颁布的。这部宪法一方面对政党活动及政府管理国家的权力进行了严格的限制，另一方面却大大提升了宪法法院等独立机构的权力。2008 年 9 月，泰国宪法法院根据这部宪法裁定隶属于他信政治集团的沙马总理违宪，导致沙马政府倒台。两个多月后，泰国宪法法院再次根据这部宪法裁定同样隶属于他信政治集团的颂猜总理违宪，颂猜政府同样倒台。

2014 年 5 月 22 日，军方宣布暂停 2007 年宪法。2014 年 7 月 23 日，泰国“国家维持和平秩序委员会”公布了 2014 年临时宪法。该宪法已获泰国国王批准并宣布实施，有效期一年，待永久宪法制定完成后将失效。

2. 议会

泰国于1932年建立君主立宪制，并首次成立了由70名临时议员组成的单一议会，负责立法并监督国家管理工作，具有罢免政府官员的权力。1946年，泰国首次成立了由上下两院组成的两院制议会，上议院审议或推迟颁布下议院通过的法律。首届80名上议员由下议院178名下议员间接选举产生，下议员由选民直接选举产生。1947年新宪法规定上议员由国王任命产生，下议员仍由民选产生。1951年泰国政变当局将上下两院合并，规定议员由直接选举和任命制产生。1959年泰国颁布新宪法，规定议会更名为“制宪大会”，负责起草新宪法。1968年，新宪法制定完成并恢复实施两院制议会。此后，上下两院多次分分合合。1991年宪法颁布后，上下两院制议会一直保留并沿用至今。每当泰国政局出现危机时，议会常被解散，然后由官方委任议员，组成临时立法议会或制宪议会。

按宪法规定，国王作为国家元首，依据宪法规定通过议会、政府、法院行使权力。议会是国家最高立法机构。议会通过的法律草案经国王御准后正式生效。议会有权罢免政府、法院以及选举委员会、肃贪委员会等中立机构人员。总理有权解散议会。议员要求罢免其他议员时，须经议会议长交由宪法法院裁定。中央选举委员会确认某议员当选后，如发现确有必要撤销该议员资格时，须交最高法院裁定。

上议院

组成 根据泰国2007年宪法第111款规定：上议院由150名上议员组成，来自两部分：按府选举，每个府一名上议员，共76名，另74名为遴选制选出，由中选会审核资格而定。当上议员席位空缺且不少于总议席的95%时，则认为上议院由实际人数组成。在席位空缺180天内须进行补选，直至达到150人。补选议员的任期为本届上议院所剩任期。每届任期6年，连任不得超过两届。

议员种类、选举机构及方法 直选制上议员：由中央选举委员会主持，通过不公开直接投票方式选举产生，全国76府每府一名。

遴选制上议员：由上议员遴选委员会遴选产生。遴选委员会由下列人员组成：宪法法院院长、中央选举委员会主席、国家检察院主席、国家肃贪委员会主席、国家审计委员会主席、最高法院法官一名（由最高法院会议决定具体人选）、最高行政法院法官一名（由最高行政法院会议决定具体人选）。中选会负责将各学术机构、国家机关、民间组织、专业团体及其他部门提名的候选人名单递交上议员遴选委员会，遴选委员会须在接到候选人名单之日起30天内完成遴选，而后将当选名单交由中选会公布。

议员候选人资格 （1）具有泰国国籍。（2）年龄不小于40岁。（3）大学本科以上或同等学力。（4）符合以下4项条件中的任意一项：① 截至报名参选之日在参选府具有固定户籍不少于5年；② 在参选府出生；③ 在参选府连续学习不少于5年时间；④ 曾在参选府担任公务员不少于5年。（5）非下议员或政务官员的父母、配偶或子女。（6）未曾加入任何政党或担任党内职务，或曾加入某政党但退党时间未超过5年（截至报名参选或被提名之日）。（7）非下议员，或曾任下议员但离职未超过5年。（8）非内阁部长等政务官员，或已卸任未超过5年。此外，候选人不得存在以下13项中的任意一项情况：吸毒；破产或曾经破产；和尚、沙弥等宗教人士、被剥夺选举权者、精神不健全者；被判入狱或被监禁；出狱未满5年；曾因渎职而被国家机关或国有企业撤职或除名；曾因非法暴富被没收财产；公务员；地方议员或公务员；在国有机构或单位任职；在法院、选委院、监察院、反贪委、审计署、国家人权委员会任职；

被剥夺参政权利；曾被上议院依法罢免职务。

议员任期 上议员自当选之日或中选会宣布任命之日起任期6年。上议员不得连任两届，任期满后须继续履行职责直至产生新一届上议院。遴选制上议员首次任期3年，禁止上议员连任的规定不适用于首届遴选制上议员。

下议院

组成 下议院共有500名民意代表。民意代表选举分两部分：一是按政党名单选举出125名民意代表；二是按各选区选举出375名民意代表，而后再按获选民代所属政党的人数来组成政府，可以是一党执政政府（如果民代超过半数以上），也可以是联合政府（如果没有一个政党民代数超过一半）。下议院民意代表每届任期4年，与内阁任期一致。

议员种类、选举机构及方法 依据《选举法》进行。由中央选举委员会主持，通过不公开直接选举方式产生，每位选民发放两张选票，分别用于选举选区制议员和比例制议员。选民只能在本人所在选区选举不超过法定议员数的议员。

选民资格 （1）具有泰国国籍或加入泰国国籍不少于5年。（2）在选举当年1月1日已满18周岁。（3）截至选举日已拥有本选区90天以上户籍。此外，居住在户籍地以外地区、在本选区户籍少于90天、居住在国外的本国公民依据《选举法》有关规定享有选举权。

选区制议员、选区的划定及每个选区议员数量的确定按以下方法进行：

（1）将选举前一年年底注册的全国公民数除以全部选区制议员数（375人），得出每名议员所代表的公民数（简称“代表数”）。

（2）人数少于代表数的府可有1名议员，人数超过代表数的府每超过1个代表数则增加1名议员。

(3) 如按步骤(2)得出的议员总数未达到375人,则在按(2)算出的余数最多的府增加1名议员。以此类推,直至议员数达到375人。

(4) 选区的划定:如某个府可有3名议员,则将该府设为一个选区;如某个府可有3名以上议员,则将该府划分为若干选区,每个选区选出3名议员。

(5) 如划分选区后不能做到每个选区正好选出3名议员,则先按每个选区3名议员的标准划分,但剩余选区所拥有的议员数不得少于2名。如某个府可有4名议员,则分成两个选区,每个选区选出2名议员。

(6) 拥有两个以上选区的府在划分选区时应保证每个选区内行政区域的连续性(即同一选区不能由两个不相连的行政区域组成),且每个选区的选民数应大致相等。

投票结束后,先在各投票点计票,而后上报到本选区内由中选会规定的地点汇总并公布计票结果。

比例制议员按以下办法选举产生:

(1) 将全国76个府划分为8个大选区,每个大选区选出10名比例制议员。划分大选区时,应将地域相连的府划分在一起,不得将同一个府分割后划入两个大选区,每个大选区的选民数应大致相等。

(2) 各政党在选举前向中选会提交一份不超过本选区比例制议员数的本党候选人名单,并将候选人排序。候选人名单不得与本党选区制议员候选人名单或本党在其他大选区的比例制议员候选人名单重复。提交后的名单不得更改。

(3) 选民向本选区内参选政党投票,每人只能给一个政党投票。

(4) 在各大选区内,各党按所获票数比例划分本选区内全部10个议席。具体计算方法与选举选区制议员时步骤(3)类同。例如,某党所获票数占总选票的53%,则可拥有5个议席,该党选前提交名单中的前5位当选。

议员候选人资格 （1）出生在泰国并享有泰国国籍。（2）年龄不小于25周岁。（3）选举前加入某政党90天以上，如因议会解散而进行的大选，候选人应在选举前加入某政党30天以上。（4）选区制议员候选人须拥有以下条件中的任意一项：① 截至报名参选之日在参选府具有固定户籍不少于5年；② 在参选府出生；③ 在参选府连续学习不少于5年时间；④ 曾在参选府担任公务员不少于5年。（5）比例制议员候选人须拥有类似上述第（4）点规定的条件，但第（4）点中提及的"府"在此应理解为"大选区"。（6）《选举法》中规定的其他条件。

此外，候选人不得存在以下14项中的任意一项情况：吸毒；破产或曾经破产；和尚、沙弥等宗教人士、被剥夺选举权者、精神不健全者；被判入狱或被监禁；出狱未满5年；曾因渎职而被国家机关或国有企业撤职或除名；曾因非法暴富被没收财产；公务员；地方议员或公务员；担任上议员或结束上议员任期未满2年；在国有机构或企业任职；在法院、选委院、监察院、反贪委、审计署、国家人权委员会任职；被剥夺参政权利；曾被上议院依法罢免职务。

议员任期 每届下议院自选举之日起任期4年。期间不允许拥有下议员议席的政党相互兼并。下议院结束任期后45天内国王须御准新的大选日期，全国须在同一天举行大选。上下两院产生后，则须选出各自的议长和1～2名副议长，报请国王任命。上议院正副议长每三年更换一次，下议院正副议长任职至本届议会终止时。宪法规定，议会主席由上议院主席担任，议会副主席由下议院主席担任。当新内阁组阁后，报请国王任命下议院在野党议员人数最多的政党领导人为反对党领袖。但该党议员席位不得少于下议院议员总数的五分之一。

在非常时期，国王和总理都有权解散下议院。宪法规定，下议院被解散后，必须在90天内重新举行大选。当下议院任期届满或被解散的时候，由上议院代行议会职责，但除了审议有关王位继承、对外宣战等紧急事务外，不得召开其他会议。

议会职责与权限

依据泰国宪法，议会职权主要包括立法权（制定宪法附加法、制定法律条例）、监督权（监督有关法律的制定是否违宪、监督国家管理工作）、预算审批权、人事权（推荐或罢免政府、议会、法院及其他独立机构主要成员）等。

（一）立法权

议会须制定九部宪法附加法，主要包括：（1）《关于下议员选举和上议员产生的宪法附加法》，简称《选举法》；（2）《关于选举委员会的宪法附加法》，简称《选委会法》；（3）《关于政党的宪法附加法》，简称《政党法》；（4）《关于全民公投的宪法附加法》，简称《公投法》；（5）《关于宪法法院审判办法的宪法附加法》，简称《宪法法院审判法》；（6）《关于政务官员刑事案件审判办法的宪法附加法》；（7）《关于国家监察员的宪法附加法》，简称《监察法》；（8）《关于预防和打击贪污的宪法附加法》，简称《反贪法》；（9）《关于国家审计的宪法附加法》，简称《审计法》。

议会还须制定其他法律法规，立法程序如下：

1. 法律草案由以下部门提出：（1）政府内阁。（2）不少于20名下议员。（3）与法律草案有关的法院及中立机构。（4）不少于1万名合法选民。如(2)(3)(4)须提出与财政有关的法律草案，须经总理认可。“与财政有关的法律草案”是指与税收、国有资产、货币等有关的法律草案。下议长和下议院各委员会主席举行联合会议，判定有关法律草案是否与财政有关。

2. 有草案须先递交下议院议长。草案内容应向全体公民公开，并

为公民了解有关细节提供便利。

3. 草案经下议院通过后交由上议院审议，上议院须在60天内完成审议，与财政有关的草案须在30天内完成审议。上议院也可要求延长审议日期，但延长不得超过30天。下议长须在与财政有关的草案注明与财政有关，否则视为无关。如上议院无法在规定日期内完成审议，则视为通过。

4. 议院完成草案审议后，视情采取以下措施：

(1) 如上议院审议通过，则将草案退回总理。总理须在20天内上呈国王，国王御准后才可正式生效。

(2) 如上议院不同意下议院意见，则暂缓通过该草案，将草案退回下议院。

(3) 如上议院审议后对草案提出修改意见，则将修改后案文退回下议院。如下议院同意修改案文，则视为议会通过。如下议院不同意修改案文，则由上下两院依照有关规定组建联合委员会进行审议并修改，而后再交两院审议。如有一院不予认可，则暂缓通过该草案。

5. 上述4(2)情况被暂缓通过的草案，下议院只能在接到上议院退回有关草案之日起180天后才能重新启动该草案的审议程序。因上述4(3)情况被暂缓通过的草案，从某一院不予认可之日起180天后重新审议。原草案(或经联合委员会审议后的草案)经下议院实际人数过半通过，则视为议会通过。

如被上议院暂缓通过的草案为“与财政有关的草案”，下议院可立即重新审议。原草案(或经联合委员会审议后的草案)经下议院实际人数过半通过，则视为议会通过。

6. 下列情况下，有关草案视为被否决：下议院结束任期或解散；国王未予御准；国王在90天内未予答复。

7. 国王未予御准并退回议会的草案，或国王在90天内未予答复的草案，议会须重新讨论并起草草案。如议会以超过上下两院实际议员数三分之二以上投票通过原草案，则请总理再次上呈国王。如国王在30天内未予答复，则视为国王已御准并正式生效。

（二）监督权

第一，监督有关法律的制定是否违宪。

1. 议会通过，但总理尚未上呈国王的草案，如上下两院不少于十分之一的议员认为草案中某条款涉嫌违宪或整个草案的制定违宪，则视情向下议长、上议长或议会议长提出。收到上述意见的议长负责将有关意见递交宪法法院裁定，并及时通报总理。

2. 议会通过，但总理尚未上呈国王的草案，如总理认为草案中某条款涉嫌违宪或整个草案的制定违宪，则将有关意见递交宪法法院裁定，并及时通报上议长和下议长。

3. 宪法法院受理期间，总理应暂停有关草案审批进程。如宪法法院裁定草案中某重要条款违宪或整个草案的制定违宪，则视为该草案被否决；如宪法法院裁定草案中某一条款违宪，则视为有关条款被否决，总理可继续推动该草案审批进程。

第二，监督国家管理工作（对总理和内阁进行不信任质询）。

1. 议员均有权对内阁成员的有关工作提出质询。如内阁认为有关问题涉及国家安全和利益暂不便公开，阁员有权拒绝应询。

2. 关于人民广泛关注、涉及国家和人民利益或亟待解决的问题，下议员可在当日会议开始前书面告知下议长，表示希望对总理或有关部长进行质询，且不必告知将质询的问题。下议长将此列入当日议程。这一形式的质询每周只能进行一次，且有关议员口头质询同一问题的次数不得超过三次。

3. 不少于下议院实际人数五分之一的下议员可提出对总理的不信任案，提案时须同时提名一位符合宪法规定的新总理人选。有关议案提

出后，议会不得解散，除非提案撤销或表决不通过。

4. 不少于下议院实际人数六分之一的下议员可对内阁成员逐一提出不信任案。一般情况下，不信任质询投票不得安排在质询结束当天。不信任票超过下议院实际人数一半以上，则该不信任案通过。下议长即将上述新总理提名人选报国王御准。如不信任案未获通过，则提案议员丧失在本届会期内再次提出对阁员不信任案的权利。

当针对某阁员的不信任案提出后，该阁员调任其他职位，只要还是内阁成员，就仍须接受不信任质询。如针对某阁员的不信任案提出前，该阁员已调任其他内阁职位，但担任新职位尚未超过 90 天，则该阁员仍须接受对其原职位的不信任质询。

5. 反对党议员总数无法达到上述 3、4 项中规定的不信任案提案人数标准，则在执政党完成两年执政后，反对党实际人数中一半以上议员可提出对总理和其他阁员的不信任质询。

6. 少于上议院实际人数三分之一的上议员可在上议院对政府内阁进行质询，但不做表决。此类质询每届会期只能进行一次。

7. 总理和有关阁员须亲自接受对本人的不信任质询，如因不可抗拒原因无法亲自应询，须提前或在会议当日告知下议长或上议长。所有议员有权不按所在政党的决议独立参与不信任质询和表决。

（三）预算审批权

国家财政预算须以法律条例形式报议会审议。下议院须在接到财政预算条例草案之日起 150 天内完成审议。如逾期未完成，则视为该草案获得下议院审议通过。下议院审议通过后交由上议院审议。上议院须在接到之日起 20 天内完成审议，且不能对草案做任何修改。逾期未完成则视为通过。上议院通过后，交由总理上呈国王御准。

新财政年开始前无法及时出台新的财政预算条例，则暂时沿用上一年财政预算条例。政府须为议会、法院及其他依据宪法成立机构的独立工作分配充足预算。

（四）人事权

1. 选举总理。议会须在召开首次会议后30天内以过半数票选举一名符合规定的议员出任总理，并呈国王御准。

2. 推荐独立机构主要成员。依据宪法成立的机构主要包括：选委会、国家监察院、国家反贪委、国家审计委、国家人权委员会。这些机构的主要人事任命须经上议院审议通过并报国王御准。

3. 罢免权。议会有权依法对下列人员提出罢免：总理及内阁部长、上下议员、最高法院院长、宪法法院院长、最高行政法院院长、最高检察院院长以及上述独立机构的主要成员等。

3. 政党和选举

政党制度发展历程

泰国历史上第一个政党——人民党是一批具有民族主义情结的资产阶级政治家于1928年组织的，创始人是青年法学家比里・帕侬荣。1928年结束法国学业后，比里・帕侬荣回国创立人民党。1932年，人民党发动政变推翻封建君主专制统治。1938年陆军上校披汶・颂堪出任总理后，军人长期执政，政党活动基本停止。

第二次世界大战以后，人民要求民主的呼声日益高涨。1946年4月颁布的新宪法扩大了公民参政议政的权利，并且允许成立政党，政党活动一度活跃起来。二战后第一个出现的政党是二战时“自由泰运动”领导人之一的社尼・巴莫亲王建立的进步党。1946年6月，进步党联合宽・阿派旺集团，改组为民主党；此外比里・帕侬荣组织了职联党；另外还有宪法阵线党拥护比里・帕侬荣。这样民主党和职联党形成对垒。

1948 年 1 月,民主党在大选中获胜,宽・阿派旺组织民主党政府,人民党和正义党为反对党。但民主党执政仅几个月,就被军人集团强迫赶下台,这是政党执政的一次有益尝试。之后,政党执政和军人集团执政的局面交替出现。

1973 年,泰国爆发“十・十四民主运动”,这场运动推翻了泰国的军人独裁政府,被长期压制的民主政治开始恢复生机。但在此后近 30 年的时间里,虽然泰国政坛上先后出现过不少颇具影响力的政党,却都在成为中型政党后再难发展并相继走向衰落。民主党、社会行动党、泰国党和新希望党等曾牵头组阁的政党莫不如是。

但 1998 年成立的泰爱泰党凭借其拥有较其他政党更为广泛的选民基础打破了这一局面,一跃成为大型政党,并且在 2005 年的大选中夺得 75.4% 的议席。泰爱泰党党魁为创立人兼前总理他信。2007 年泰爱泰党被判在大选中舞弊罪名成立,遭勒令解散。部分党员在泰爱泰党解散之后加入人民力量党。2006 年政局更迭之后,人民力量党在 2007 年大选中获得多数票,并与为国党、中庸民主党、皇家人民党、泰国党、同心国发党共同组成联合政府。

目前主要政党

截至 2011 年 3 月,共有 49 个政党在选举委员会登记注册。

主要政党:

1. 民主党(DEMOCRAT PARTY)

1946 年 4 月 6 日成立。创始人为宽・阿派旺。为泰国历史最长的政党,历史上曾多次作为执政党领导泰国政府。政策纲领趋向于维持君主立宪制度,倡导人民民主,执行自由经济

民主党党徽

政策,维护泰国中产阶级利益。民主党在2011年7月3日的泰国议会下议院大选中获得160席,成为第二大党。民主党在经济开发程度相对较高的曼谷地区和南方获得多数选民的支持。2014年党首乍鲁蓬·荣素旺,秘书长普坦·卫差亚猜,执委31人。在2014年政变前的议会中拥有下议员160名。在全国设有176个支部,党员287.3万人。

2. 为泰党(PHEU THAI PARTY)

为泰党党徽

2008年9月由前人民力量党重组而成立,政策纲领是跟随他信的经济政策。受到比较贫苦与人民受教育程度较低的北方地区的民众支持。为泰党在2011年7月3日赢得议会选举,为泰党赢得500个议席中的265席,成为执政党。在2014年政变前的议会中拥有下议员262名。在全国设有5个支部,党员23 778人。

3. 自豪泰党(BHUMJAITHAI PARTY)

2008年11月5日成立,党首披帕·颇沃拉蓬,秘书长蓬提瓦·纳卡塞(女),执委12人。在2014年政变前的议会中拥有下议员34名。在全国设有5个支部,党员36 370人。

4. 泰国发展党(CHART THAI PATTANA PARTY)

2008年4月18日成立。党首提拉·翁萨姆,秘书长潘贴·素里萨廷,执委11人。在2014年政变前的议会中拥有下议员19人。在全国设有6个支部,党员14 957人。

5. 为国发展党(CHART PATTANA PUEA PANDIN PARTY)

2007年10月3日成立。党首宛纳勒·参努军,秘书长巴帕·林巴攀。在2014年政变前的议会中拥有下议员7名。在全国设有8个支部,党员9 416人。

6. 春府力量党(PHALANG CHON PARTY)

2011年5月4日成立。党首曹·玛尼翁,秘书长比兰迪鲁·吉达探。在上届国会中拥有下议员7名。

7. 祖国党(MATUBHUM PARTY)

2008年11月3日成立。党首颂提·汶亚拉格林,秘书长曼·帕塔诺泰,执委15人。在上届国会中拥有下议员2名。在全国设有5个支部,党员7 760人。

8. 大众党(MAHACHON PARTY)

1998年2月10日成立。党首阿披勒·西里纳温,秘书长派讪·蒙恩。在上届国会中拥有下议员1名。党员110万人。

9. 新民主党(NEW DEMOCRAT PARTY)

2011年4月21日成立。党首素拉廷·披赞,秘书长威蒙·讪玛诺。执委9人。在上届国会中拥有下议员1名。

泰国下议院选举情况表(1975—2014年)

年份	投票率	议席总数	下议院政党	第一大党			第二大党		
				名称	议席数	比例%	名称	议席数	比例%
1975	47.2	269	22	民主党	72	26.8	社会正义党	45	16.7
1976	44.0	279	19	民主党	114	40.9	泰国党	56	20.1
1979	43.9	301	9*	社会行动党	82	27.2	泰国党	38	12.6
1983	50.8	324	10**	社会行动党	92	28.3	泰国党	73	22.5
1986	61.4	347	15	民主党	100	28.8	泰国党	63	18.1
1988	63.6	357	15	泰国党	87	24.4	社会行动党	54	15.1
1992 I	59.2	360	11	正义团结党	79	21.9	泰国党	74	20.6

续表

年份	投票率	议席总数	下议院政　党	第一大党			第二大党		
				名称	议席数	比例%	名称	议席数	比例%
1992 Ⅱ	61.6	360	11	民主党	79	21.9	泰国党	77	21.4
1995	62.0	391	11	泰国党	92	23.5	民主党	86	22.0
1996	62.4	393	11	新希望党	125	31.8	民主党	123	31.3
2001	69.8	500	9	泰爱泰党	248	49.6	民主党	128	25.6
2005	72.0	500	4	泰爱泰党	377	75.4	民主党	96	19.2
2007	70.27	480	7	人民力量党	233	48.5	民主党	165	34.4
2011	74	500	5	为泰党	265	53	民主党	159	31.8
2014***	47.72	500	–	为泰党	–	–	民主党	–	–

注：*此外还有69席为无党派人士，占22.9%；**此外还有24席为无党派人士，占7.4%。***2014年3月21日泰国宪法法院9名法官以6：3的投票结果，判定大选结果无效。

4. 行政和司法机关

内阁

现行宪法规定，泰国内阁由不超过36名成员组成。内阁成员除总理1人外，还设若干名副总理，其余为内阁各部部长、副部长或助理部长。正常情况下，当全国大选揭晓产生新的下议院之后，新内阁即产生。每届内阁的正常任期和下议院相同，也是4年。

泰国总理和内阁成员虽然常随着内阁更迭而易人，但是负责政府日常行政和业务工作的政府公务员则不受影响，这样的架构也保证了政府

职能部门的正常运转。所以虽然泰国经常发生政变,但国家的内外政策、社会经济发展计划、经济秩序能够保持连续性,受影响不大。

2011 年 8 月第 60 届英拉内阁正式就任

2014 年 8 月第 61 届巴育内阁正式就任

泰国内阁由总理府、内政、国防、财政、外交、农业与合作、交通、商业、司法等部组成。其中总理府的主要职能有负责制定审定国家预算、统计；负责制订国家社会经济发展计划，制定有关投资政策；协调各部之间的工作；处理不属于各部职责范围之内的事情。

泰国内阁组成表

部门	下设部门	主要职能
总理府	总理府常务次长办公室 民众联络厅 消费者权益保护委员会办公室 直接对总理负责的部门 总理秘书处 国务院秘书处 国家情报局 预算处 国家安全委员会办公室 法令委员会办公室 文职公务员委员会办公室 国家经济与社会发展委员会办公室	负责审定国家预算、统计，制订国家社会经济发展计划和国家投资政策等事务。
内政部	部长办公室 常务次长办公室 行政厅 社村发展厅 地产厅 减轻与预防公共灾难厅 工程管理与城市规划厅 地方行政促进厅	是泰国政府中较大的行政部门，管理范围涉及全国地方行政、社会治安、市政建设、农村开发、社会福利、抢险救灾以及警察、监察等方面的工作。
国防部	部长秘书办公室 常务次长办公室 御卫厅最高军事指挥部 国防部管辖的国企部门	负责制定有关国防建设的方针、政策；组织国家防务计划的制订与实施。

续表

部门	下设部门	主要职能
财政部	部长办公室 常务次长办公室 财政厅 中央会计厅 海关厅 国货税厅 税务厅 国企政策委员会办公室 公共债务管理办公室 财政经济办公室	负责全国税收、财政事务;发行债券,并监督国家银行发行货币;负责偿还政府的国内外债务。
外交部	部长办公室 常务次长办公室 领事厅 礼宾厅 欧洲厅 国际发展合作办公室 国际贸易厅 条约与法律事务厅 新闻厅 国际组织厅 美洲与南太平洋厅 东盟厅 东亚厅 南亚、中东以及非洲厅	负责国家外交事务,沟通与世界各国之间的关系,代表国家与各国际机构往来。对外事务中维护国家主权和权益,保护国外侨民的正当权益等。
旅游与体育部	部长办公室 常务次长办公室 休闲与运动发展办公室 旅游发展办公室	负责制定旅游政策,制订旅游计划。协调和管理与旅游相关的部门。发展体育运动。

续表

部门	下设部门	主要职能
社会发展与人类安全部	部长办公室 常务次长办公室 社会发展与福利办公室 家庭与妇女事务办公室 民政厅	负责研究社会及人类群体发展问题及提出相应的调控措施。
农业与合作部	部长办公室 常务次长办公室 水利厅 合作社账目稽查厅 渔业厅 畜牧厅 土地开发厅 农业学术厅 农业发展厅 合作社发展厅 农业土地改革办公室 国家食品与农产品标准办公室 农业经济办公室	促进农业经济发展,引导和规范全国农业的发展方向。领导种植业、林业等产业生产。保护自然资源,防治农业灾害等。
交通部	部长办公室 常务次长办公室 水路运输厅 陆路运输厅 航空运输厅 公路厅 农村公路厅 运输与交通计划	负责全国的公路、铁路、民用航空、江河海洋的运输协调工作。

续表

部门	下设部门	主要职能
自然资源与环境部	部长办公室 常务次长办公室 污染控制厅 海洋与海岸资源厅 地质厅部长办公室	负责领导全国自然资源的利用和开发，以及国家生态环境的保护。
信息与通信技术部	部长办公室 常务次长办公室 邮电厅 气象厅 国家统计办公室	领导全国信息产业发展，以及对通信业的管理和监督。
能源部	部长办公室 常务次长办公室 天然燃料厅 能源事务 能源保护与替代能源发展厅 能源计划与政策办公室	负责能源的利用和开发。
商业部	部长办公室 常务次长办公室 外贸厅 内贸厅 保险厅 国际贸易谈判厅 知识产权厅 贸易发展厅 出口促进厅	主管全国内外贸易，管理国内商业市场，审批商业注册，并负责全国的保险业务。

续表

部门	下设部门	主要职能
司法部	部长办公室 常务次长办公室 行为规范厅 权益保护厅 案件强制执行厅 青少年保护与督察厅 刑务厅 特别案件审讯厅 司法事务厅 法学院	是全国最高行政机关，主管各级法院的行政事务。
劳工部	部长办公室 常务次长办公室 就业指导厅 劳动技术开发厅 劳动力保护与福利厅 社会保险厅	负责全国劳工事务。
文化部	部长办公室 常务次长办公室 宗教厅 艺术厅 国家文化委员会办公室 现代文化艺术厅	拟定文化发展的政策并监督实施。开展国际、国内文化交流。
科技部	部长办公室 常务次长办公室 科学服务厅 原子厅	负责领导全国科技研究和科技成果的引进、应用。

续表

部门	下设部门	主要职能
教育部	部长办公室 常务次长办公室 教育委员会秘书办公室 基础教育委员会办公室 高等教育委员会办公室 职业教育委员会办公室 公众机构	主管大中小学、职业以及成人教育。制定教育发展战略。
卫生部	部长办公室 常务次长办公室 医务厅 疾病控制厅 泰医和替用医学发展厅 医学厅 健康服务促进厅 心理健康厅 卫生厅 药品与食品委员会办公室	是全国医疗、卫生、保健的最高行政机构，负责医疗保健、维护和管理公共卫生与食品卫生、监督药品生产、主管医学和医疗器材的研究与生产。

司法体系

泰国司法属大陆法系，以成文法作为法院判决的主要依据。

泰国有两个独立的司法机构领导法院。一是司法部：法院的建制隶属于司法部。司法部在行政上对法院进行领导，委派有关行政人员制定或修改法律程序。但司法部不能干涉法院的具体业务工作。二是司法委员会：司法委员会是泰国司法界的最高权威机构，由 13 名委员组成。各级法院的法官和审判长的任免，须经司法委员会的同意才能呈请国王签署任免令。最高法院院长为司法委员会主任委员。

泰国法院由宪法法院、司法法院、行政法院和军事法院组成。

宪法法院为独立机构。主要职能是对部分议员或总理质疑违宪的、但已通过议会审议的法案及政治家涉嫌隐瞒资产案等进行终审裁定。宪法法院由 1 名院长及 14 名法官组成,院长和法官由上议院议长提名,呈请国王批准,任期9 年。

行政法院主要审理涉及国家机关、国有企业及地方政府间或公务员与私企间的诉讼纠纷。行政法院分为最高行政法院和初级行政法院两级,并设有由最高行政法院院长和9 名专家组成的行政司法委员会。最高行政法院院长的任命须经行政司法委员会及上议院同意,由总理提名呈请国王批准。

军事法院主要审理军事犯罪和法律规定的相关案件。

司法法院主要审理不属于宪法法院、行政法院和军事法院审理的所有案件,分最高法院(大理院)、上诉法院和初级法院三级,有专门的从政人员刑事厅。另设有司法委员会,由大理院院长和 12 名分别来自三级法院的法官代表组成,负责各级法官的任免、晋升、加薪和惩戒等事项。司法法院下设秘书处,负责处理日常行政事务。泰国每个府都有初级法院,一般由民事法庭、刑事法庭和青少年法庭组成,拥有判决权。全国只有一个上诉法院,负责审理除中央劳工法庭以外的所有下级法院、法庭的案件。最高法院是审判的最高权威机构,受理经上诉法院判决后仍然不服的上诉案件。最高法院的判决是终审判决,如仍然不服,可在接到判决的 15 天内恳请改判。

法院是泰国国家行使司法权的唯一机构。一切法院对任何案件的审理都是以国王的名义进行,并对国王负责。按照宪法规定,各级法院必须依照法律规定设立,不允许为了审理案件或拟定某项罪名而设立专门的法院来代替其他法院,也不允许为审理某一案件对有关法规和审判程序进行修改。但是在南部的穆斯林聚居区,法院在审理有关婚姻、继承等民事案件时,还须参照特殊的伊斯兰法律、法规。

按照宪法规定,各级法官、审判官和其他直接从事法律工作的司法

官员，一律不得担任政界公职，不得参与政党活动。

独立机构

泰国是腐败问题较为严重的国家之一。20 世纪 90 年代以来，泰国逐渐形成了较为完善的反腐体制，其组织与运作的特点，主要表现为 1997 年宪法出台以后，泰国开始设立以国家肃贪委员会为主的独立监察机构。独立机构不受任何国家机构的管辖和干预，从而发挥对政府的监管和对公务员的约束作用，以及保证公民权利。独立机构的名称多命名为“某委员会”。2007 年宪法颁布之后，少数独立机构有一定调整。

主要的独立机构有：中央选举委员会、宪法法院、国家审计局、国家肃贪委员会、国家人权委员会、国家监察局、国家社会经济顾问委员会。

独立机构的属性主要有以下三点：

（1）泰国独立机构的成员必须通过委员会提名和上议院选举两个阶段，独立机构成员一般只能连任一届，每届最多 9 年。上议院对委员拥有任免权。

（2）在独立机构的内部执行上，独立机构在财政、办公、事务决策上拥有独立性，委员直接向委员会长官负责。独立机构有独立的办公厅和独立的预算，从而保证在办案上不受其他势力的操纵。

（3）民主监督。宪法规定，独立机构委员如有违法行为或不符合委员身份的行为，5 万名选民的民意签名即可向上议院主席提出对该委员的免职，从而保证民众对委员的监督。

宪法法院

宪法法院是具有司法权的独立机构。泰国的宪法法院一直在国家的政治活动中扮演着非常重要的角色，很多政治目的的最后达成都是由其来完成的。

宪法法院于1997年设立之后,被寄予整肃泰国违法政治活动的厚望。宪法法院的主要职责为管理和制止其他法律与宪法的冲突。宪法法院有权在颁布法律之前或之后制止法律实行。宪法法院其他职责还有:有权对议员、内阁部长乃至总理等政治人物进行调查和宣判。宪法法院也能够裁决国家大选是否有效。

泰国宪法法院有15名成员,由1名宪法法院主席和14名法官组成。其中7人由泰国司法部委任,8人由上议院委任。5名来自最高法院、2名来自最高行政法院、5名来自法学学者、3名来自政治学学者,所有成员均经下议院遴选后由国王任命,任期9年并不得连任。现今实际运作的泰国宪法仲裁委员会由9人组成,全部由泰国司法部委任。

2008年9月9日,时任总理的沙马被宪法法院剥夺总理职务,理由是沙马在出任泰国总理后,仍在主持烹饪电视节目,违反了利益冲突规则。2008年12月2日,宪法法院就人民力量党等三个执政联盟政党的贿选案做出裁决,三党被判有罪将被解散,总理颂猜5年内将禁止参政。2014年2月泰国大选即被裁决为无效。2014年5月7日判决总理英拉违宪罪名成立,宣布解除其泰国总理职务。

中央选举委员会

1932年政治体制改变以来,泰国的选举一直归属于内政部管理。1997年之后设立选举委员会,并且成为泰国独立的政府机构,是泰国选举管理机构。

中央选举委员会由1名主席和4名委员组成。国家选举委员会遴选小组有两个小组,第一个小组的主要成员为公立大学校长代表和公立大学代表,第二个小组是最高法院代表。每组代表提名5名候选人,共计10名候选人。上议院从中选出5人,最后由国王任命。中央选举委员会委员在任职5年之前不得参加任何政党,不是议会议员,不是公务

员或其他任何独立机构的委员，总之为社会独立人士，任期为7年。

中央选举委员会的主要职能为负责监督各类政府选举，包括议会选举和地方选举以及泰国全国范围内的公投，并且对选举程序进行管理、监督和规范。中央选举委员会有义务监督管制政党活动，包括向公民提供民主政治制度的知识。据统计，在1996年下议院选举中，贿选比例就高达30.6%，中央选举委员会的主要意义在于打击违反选举法的行为。中央选举委员会在2000年的上议院选举、2006年的下议院选举和2007年的上议院选举违规行为，2011年大选中发挥了作用，对不合格的候选人进行了处理。

国家肃贪委员会

国家肃贪委员会是根据2007年泰国王国宪法及2007年《反腐败组织法》设立的独立机关，由1名主席及8名委员组成，这9名成员是由上议院通过投票方式选出。任期为9年，设立之初规定可以连任一届，2015年2月，国家肃贪委员会开始不得连任。

国家肃贪委员会的工作重点：（1）防止贪污腐败行为，有权向议会、法庭或国家审计委员会提供防止腐败的策略。（2）监督政治领导人和公务员的贪污行为。（3）监督并有权审查政治领导人的资产。根据《反腐败组织法》的规定，对两院议员、政府行政部门以及其他国家机构高官的财产申报进行审核，并就可疑的财产问题开展独立调查。

国家肃贪委员会是具有拥有相当广泛的司法职权，能够自主地深入开展反腐监察工作的独立机构。

国家审计委员会

国家审计委员会也是具有监督权和管理权、拥有独立性的中立机构。国家审计委员会由1名审计总长和9名委员组成，均为国家审计、会计、内部调查和财政管理等方面的专家。任期6年,可连任1届。国家审计委员会的挑选委员会由最高法院院长、最高行政法院院长、宪法法院院长、国立大学校长代表、政治党派代表组成,挑选20名候选人呈递上议院,上议院选出10名担任国家审计委员会的职务。

国家审计委员会的职责在于制定审计政策,向国家行政机关提供管理国家预算的意见等政策任务。负责调查政府机构的开支和收入、调查国家金融状况。国家审计委员会有权命令政府机构改正财政问题,政府机构必须按照规定在60天内完成修正。

5. 发挥政治作用的泰国军队

国防体制

19世纪中叶,泰国仿效西方设立陆军、海军和空军。宪法规定,泰国国王为泰国名义上的三军统帅,国务院通过国防部和最高司令部对全国武装力量进行实际上的领导和指挥。国家安全委员会是泰国最高国防决策机构,负责制定国防政策、规划、措施,并监督执行,隶属国务院,由总理兼任主席;国防部为最高军事行政机关,负责武装力量的建设和运转;最高司令部是泰国军队的最高军事指挥机关,隶属国防部,直接指挥和协调海陆空三军的行动。

冷战后,泰国适时调整了军事战略,实行“总体防御战略”。在战略目标上,已由本土防御转向海洋和本土综合防御,将保卫经济建设和维护海洋权益作为重要目标;在防御重点上,从东北部泰柬、泰老边境地区向东南部沿海新型工业区和能源基地转变,将防御纵深从陆地向海洋扩展,由沿海向近海延伸;在作战对象上,将“来自陆地的对手”改为“来自海上的潜在对手”;在防御体制上,由依赖美国保护逐渐向增强本国防

御力量、加强联盟军事合作相结合的总体防御转变。

泰国现役兵力29万人左右,准军事部队1.8万人,非正规部队约2万人,地方警察5万人,还有若干村防部队,可以动员的兵源力量大约在800万人。

泰国的陆军兵力人数最多,大约19万人,陆军的预备役兵力可以达到50万人。泰国陆军的编成如下: 4个集团军司令部;2个军司令部;1个骑兵师;1个装甲师;1个炮兵师;1个高射炮兵师;1个特种作战司令部;8个独立步兵营;11个工兵团;1个独立侦察团;5个航空连。空军的编成和装备如下: 3个战斗机中队,装备有18架F-16A/B战斗机和37架F-5E战斗机;1个战斗机对地攻击中队,装备有14架F-5A/B战斗机;7个反叛乱轻型攻击中队,装备有各种性能的飞机111架;1个侦察中队。泰国的军队在东南亚各国的军队中,兵种是比较齐全的。

“差克里·纳吕贝特”号航空母舰　该舰于1997年8月10日正式服役。该舰全长182.6米,宽22.5米,吃水6.25米,标准排水量7 000吨,满载排水量11 485吨。其动力装置为柴—燃联合形式,2台LM-2500燃气轮机。舰员编制为455人,航空人员为146人。

差克里·纳吕贝特号航空母舰

2013年《简氏防务周刊》各国军力排名结果中,泰国名列全球第19名。在亚洲排名第8,排在中国、印度、韩国、日本、伊朗、中国台湾和印尼之后。

为适应未来战争的需要,泰国国防部制订了一整套面向21世纪的建军计划。泰国政府多次表示要力争在21世纪把武装力量建成一支规模小、装备精、素质高、能随时应对各种突发事件的现代化军队。

根据美国国防部和美国中央情报局公布的数据显示,2009年泰国国防预算1 430亿泰铢(约合人民币265亿元)。2006年军方发动政变之后,国防预算不断追加,政府不得已削减其他预算从而满足军方的要求。2014年国防预算为1 847亿泰铢(约合人民币342亿元)。2015年泰国军方政府提出了1 930亿泰铢(约合人民币360亿美元)的国防预算,该开支比2014年增加了5%,大约占政府2015财政年度支出总额的8%。

"金色眼镜蛇"军演 Logo 图标

泰国是美国在东南亚历史最悠久的盟国。作为传统盟友,美国近年来每年对泰援助大约1 050万美元,内容涉及广泛。"金色眼镜蛇"是美国和泰国联合主导举办的军事演习代号。该项军演是东南亚地区规模最大的联合军事演习。"金色眼镜蛇"联合军演自1982年以来,每年举行一次,到2014年已进行33次。

军人干政的传统

陆军总司令 在泰国的军事体制中,泰国武装部队总司令是军方最高职务,但只负责外务,并不掌握实权。陆军是泰国最主要和最基本的军种,而且还拥有自己的银行和电台。这使得陆军高层往往成为泰国政治最具影响力的实权人物。陆军总司令被认为是"可以发动政变,也可以制止政变"的军方强人。

干政原因 曼谷王朝朱拉隆功大帝的改革,在泰国实行普遍兵役

制，军队开始走向现代化，在军事训练、军衔、职别上与国际接轨。在封建王朝时期，军队是君主统治国家的强有力工具，军队有凌驾于国家行政机关之上的传统。1932 年政变之后，军权和皇权分离，军人干预政治成为泰国历史演变进程中的常态。军人在政治中的特殊作用使泰国成为世界上军事政变最多、权力交替最频繁的国家之一。军人干政的通常做法是，以效忠国王的名义，发动军事政变，推翻民选政府，甚至废除宪法。

20 世纪 90 年代，军人逐渐淡出政坛，但关键时刻，各方势力都拉拢军队作为后援，军人集团自觉或不自觉地介入政治生活，并在某种意义上成为最终仲裁人。2006 年及 2014 年政变均是在此背景下产生的。

1932 年以来军方主导的政变

1932 年 6 月，拉玛七世时期，人民党依靠军队发动政变，改君主封建专制为君主立宪制。当时的少壮派军人组成临时政府，开创了泰国军人干政的先河。玛奴巴功被任命为政府总理。

1933 年，玛奴巴功解散了国民议会，以政令代替法令，直至 1932 年政变的策划者之一帕凤裕庭上校再次将其推翻，帕凤裕庭后拜官上将，并出任总理。

1947 年，屏・春哈旺将军发动军事政变，銮・阿沛亚派旺斯被任命为总理。但是他们在第二年就尝到了军事政变的苦果，执政一年左右，这届政府又被披汶将军领导的军事政变推翻。

1951 年，披汶再次发动政变，恢复了 1932 年政变后颁布的宪法。

1957 年，沙立将军发动军事政变，波特・色拉信被任命为过渡政府总理。

1976 年，时任政府刚挫败了一场军事政变阴谋，却在 10 月的时候被另一场政变推翻。曾任国防部长的沙鄂上将成了国家管理改革委员会的主席。

1977 年 10 月 20 日，执政只有一年，时任总理的他侬被沙鄂发动的军事政变赶下了台，军事革命委员会开始掌权。

1981 年 4 月 1 日，当时的陆军副总参谋长集巴滴马企图发动军事政变，但是最终被效忠政府的军队镇压。

1985 年 9 月 9 日，泰国当局又挫败了一起政变阴谋，许多高级军官因牵连此事被捕。

1991 年 2 月 23 日，差猜 · 春哈旺将军领导的政府被军方推翻，政权落入顺通将军所领导的国家维和委员会之手。

2006 年 9 月 19 日，时任陆军司令颂提 · 汶雅叻格林上将联合反对党组织发动政变，在数小时内推翻前总理他信 · 西那瓦政权。军方解散了他信政府，废除了宪法。由于没有发生流血冲突，因此被称为“不流血的政变”。此后支持他信的红衫军（名为“反独裁民主联盟”，行动时穿着红色衬衣以示识别）和反对他信、宣称支持王室的黄衫军（名为“人民民主联盟”，行动时穿着黄色衬衣以示识别）两大阵营开始对抗，成为至今泰国街头政治舞台上的两类主要角色。

2014 年 5 月 20 日，时任陆军总司令巴育 · 占奥差率领皇家陆军宣布泰国全境戒严，并邀请政治危机中的各方进行会谈。两天后多方会谈破裂，巴育 · 占奥差随即宣布发动军事政变，禁止或限制公众集会；搜查和扣押犯罪嫌疑人；切断电视信号；推翻尼瓦塔隆 · 汶颂派讪看守政府，国家维持和平秩序委员会接管国家权力。

泰国军事政变统计表（1932—2014 年）

政变次序	军事政变次序	政变日期	政变者身份	结果	伤亡	政权转移情形
1	1	1932 年 6 月 24 日	陆军校官	成	否	（文人）委任玛奴巴功出任总理
2	2	1933 年 6 月 20 日	陆海军校官	成	否	（军人）帕凤上将出任总理
3	3	1933 年 10 月 11 日	国防部长	败	是	—

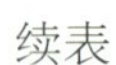

续表

政变次序	军事政变次序	政变日期	政变者身份	结果	伤亡	政权转移情形
4	4	1935 年 8 月 3 日	陆军士官	败	否	—
5	5	1938 年 1 月 29 日	陆军将官	败	否	—
6	6	1947 年 11 月 8 日	陆军将官	成	否	(文人)委任宽恩出任总理
7	*	1948 年 2 月 28 日	文人、国会议员	败	否	—
8	7	1948 年 4 月 6 日	陆军将官	成	否	(军人)披汶将军出任总理
9	8	1948 年 10 月 1 日	陆军将官	败	否	—
10	*	1949 年 2 月 26 日	文人、中级文官	败	否	
11	9	1951 年 6 月 29 日	海军校级军官	败	是	—
12	10	1951 年 11 月 29 日	陆军参谋长	成	否	(军人)披汶出任总理
13	*	1954 年 11 月 1 日	文人、左派团体	败	否	—
14	11	1957 年 9 月 16 日	陆军总司令	成	否	(文人)波特·色拉信出任总理
15	12	1958 年 10 月 20 日	陆军总司令	成	否	(军人)沙立将军出任总理
16	13	1971 年 11 月 17 日	军人	成	否	(军人)他侬将军出任总理
17	*	1973 年 10 月 14 日	文人、学生	成	是	(文人)讪耶出任总理
18	14	1976 年 10 月 6 日	国防部长	成	否	(文人)他宁出任总理
19	15	1977 年 3 月 26 日	陆军副总参谋长	败	是	—
20	16	1977 年 10 月 20 日	国防部长	成	否	(军人)克立安萨出任总理
21	17	1981 年 4 月 1 日	陆军副总司令	败	是	—
22	18	1985 年 9 月 9 日	武装部队最高统帅	败	是	—
23	19	1991 年 2 月 3 日	武装部队最高统帅	成	否	(文人)阿南出任总理
24	20	2006 年 9 月 19 日	陆军总司令	成	否	(文人)素拉育出任总理
25	21	2014 年 5 月 20 日	陆军总司令	成	否	(军人)巴育出任总理

朱拉宗告皇家陆军军事学院 这是泰国著名的军事院校，成立于1887年。这所在泰国大名鼎鼎的军校给泰国政界和军界培养了几代杰出人才，同时也培养出至少12次军事政变的领导人，包括2014年5月22日发动政变的陆军司令巴育。如何发动军事政变，是这所学校的课程之一。

这所泰国高等学府每年招生人数不多，在过去百年间，毕业生不足千人，但学校教授的课程不少，包括军事训练和书本课程。学校的宗旨不仅是培养高级军官和作战指挥官，也重在培养政治领导人。

学校学制5年，实行分班制，最著名的包括5班、7班和11班，每班不定年招生。每班课程的侧重不同，而同班毕业生在毕业后往往相互协作，共谋大事。

朱拉宗告皇家陆军军事学院曾培养出差猜·春哈旺、炳·廷素拉暖等泰国历史上的著名将军和政界耆宿。此二人都曾靠发动军事政变上台执政。

2006年发动政变的时任陆军司令的颂提·汶雅叻格林和2014年5月22日发动政变的巴育都于20世纪60—70年代毕业于这所军校。

巴育·占奥差 1954年3月21日生于泰国呵叻府，曾就读于泰国军官预备学校、陆军指挥参谋学院、国防学院。历任泰国陆军参谋长、副司令等职，2010年任陆军司令。2014年5月22日，泰国军方以国家维和委员会的名义接管政权，巴育任国家维和委员会主席。2014年8月21日，国家立法议会选举巴育担任总理，巴育于24日就任。

干政影响 军人屡次干政对民主制度是一种破坏，也曾让国家走向错误的方向。例如，披汶政变之后与法西斯同谋，推行“大泰国主义”，倒向轴心国，酿成民族灾难。即使在非世界战争的背景下，发动政变虽然在短期内也许能稳定局势，但从长远来看，军方的介入还是会阻碍经济增长和民生的改善。

但是与无休止的街头政治和党派对立相比，军人政变常常能快速结束政治纷争，同时也被视为对王室的忠诚，此外政变的产生也代表了泰国某些阶层大部分精英阶层的利益。

6. 万民爱戴的国王

“朕将秉持公道治国，为广大人民谋福祉。”每位国王戴上沉甸甸的王冠伊始，都会对欢呼的人民发出这样的誓词。19世纪以来，在西方列强荷枪实弹之下，泰国不可避免地成为欺凌和威胁的对象。泰国国王尤其是四世蒙固大帝、五世朱拉隆功大帝，作为泰国人民的精神领袖和求富图强的先锋，始终鼓舞和领导泰国进行着不屈的斗争和努力。

1932年泰国实行君主立宪制，在保留君主制的前提下，通过立宪，确立民主体制，限制君主权力，实现事实上的共和政体。虽然之后的泰国国王不掌管国家实权，不直接干预政治。但由于传统、宗教以及国王自身献身公益事业的精神，使国王在泰国社会中具有突出的地位，在全国人民中享有崇高的威望，而这种地位和威望有时能对泰国政治产生关键性作用。

“国王—宗教—民族”成为泰国人民大众基本价值观中的核心，任何动摇这三者的企图都会被视为大逆不道。依据宪法规定，国王享有不受批评的特权。各种政治势力和军事势力在进行权力角逐时都在寻求支持、利用甚至操纵国王，因为国王的态度直接关系到他们行动的合法性。特别是当发生政治危机时，如果角逐双方势均力敌，则更凸显出国王作用的关键性。

宪法规定的国王权力

按照宪法规定，国王是泰王国的国家元首，武装力量的最高统帅，宗教的最高护卫者。宪法还规定，国王是至高无上和备受尊敬的人，任何人不得侵犯，任何人不得在任何方面指控国王。

宪法规定，国王作为国家元首，通过国会、内阁和最高法院行使国家权力。具体做法是，国会讨论通过的一切法律、法规提案都必须报请国王签署批准。如经国会审查通过的法律草案交内阁总理在30天内呈国王签署，然后才能颁布实施。国王对国会通过的法案有一定的否决权。经过国会审查通过，由内阁总理呈交国王的法律草案，国王未予签署退回国会，或超过90天未退回国会时，国会应重新提出审议。如国会审议后仍坚持原案，或以国会两院联席会议总人数三分之二的票数通过，再由内阁总理呈请国王签署，如国王在接到法案之日起30天后未予签署或未退回，即可视为国王已经同意，内阁总理即可颁布执行。

国王通过内阁行使行政权时，宪法还赋予国王处理国家重大事务时有一定权力。宪法规定，为维护国家安全，公共治安，国家经济稳定，必要时国王可制定具有法律效力的规定。同时该条款还指出，国王制定这样的规定，必须是内阁认为情况紧急，非这样做不可，而且内阁应该必须尽快向国会报告，由国会审议。在国会最终做出批准或者否决后，应由内阁以文告形式公布。根据宪法规定，国王可以在必要的情况下根据军事管制法的规定，宣布国家执行或者取消戒严令；根据国会的决定宣布战争状态；根据政府的决定与世界各国和国际组织签订和平条约、停战协议和其他条约。但如果条约涉及改变国家版图或者主权时，应得到国会的批准。

国王通过法院行使司法权时，各类法院对案件的审理都以国王的名义进行，并对国王负责。国王可根据被告的申诉，建议最高法院重新考虑已做出的最终裁决。国王还有权决定大赦。

国王对内阁成员、特级文官和职位相当的军警人员、各级法官有任免的权力。程序为根据国会主席的提名任命内阁总理；根据内阁总理的

提名任免内阁成员；根据政府有关部门的提名，任免各部长官、地方府尹以上的特级文官和军队师级以上长官的职务；根据国防部长的报告，签署军官晋升军衔的名单；根据司法委员会的提名，任免各级法官；根据政府的提名，委派驻外使节和外交官。根据宪法规定，国王还有权撤销官员的衔爵和收回官员的勋章。

为广大人民谋福祉的国王

普密蓬国王在位60多年，经常深入偏远农村调查情况，慰问群众；在曼谷王宫创办牛奶厂，种植试验田；在普吉府开辟示范林区和水稻试验田，开展中小型农业科研实验；设立皇家发展研究中心，推动可持续发展；设立远程卫星教育电视台，提高人民文化水平；每年他都要从政府拨给王室的经费中拿出很大一部分用于兴修水利、建造电站。

普密蓬国王

1950年，普密蓬国王亲自捐款

350 万铢用于研制卡介苗，以防治当时严重威胁泰国人民生命的肺结核病。当霍乱流行时，泰国急需大量生理盐水，因进口产品价钱昂贵而国产生理盐水的质量不佳，曾一度使病人过敏并导致休克。普密蓬国王知道后，亲自指导和研制生产提炼生理盐水的机器设备，使国产生理盐水的质量达到国际水平。为了送医上门，给江河两岸的贫苦人民提供医疗服务，国王倡议并捐资成立皇家医疗卫生队，派遣到泰国红十字会的驳船上，进行沿河服务。

1955 年，普密蓬国王一家到泰国东北部出巡，那里是泰国最落后的地方。回到曼谷以后，国王被问及为什么要在这个地区花费这么多时间和精力，他的回答铿锵有力："农民才是泰国的脊梁。"

普密蓬国王在农业方面的贡献不仅为国内民众称赞，国际社会更是好评如潮。2009 年 5 月 26 日，联合国秘书长安南亲赴泰国，在华欣王宫为普密蓬国王颁发了全球第一个"联合国开发计划署人类发展终生成就奖"。欧洲专利局为普密蓬国王早年发明的人工降雨法申请了专利，他发明的降雨法目前已在法国、奥地利、瑞士、英国和德国等国获得认可并投入使用。

普密蓬国王热爱生活，多才多艺。他在语言方面颇有天赋，精通七国外语，热衷音乐并喜欢作曲填词。他还喜好摄影并多次出国举办个人摄影展。他又深谙机械并获得多项欧洲发明奖。他是快艇和风帆好手，年轻时曾代表泰国参加国际快艇赛得过奖牌。

普密蓬国王深受全国各阶层的爱戴。这一方面是他勤奋聪慧的个人魅力，更主要的是他勤政为民的王者风范。泰国把普密蓬国王的生日 12 月 5 日确立为"父亲节"。父亲节时泰国全国放假，举行盛大的庆典，表达对国王的尊敬和爱戴。

国王影响力

在泰国近现代化的几次重大变革中，普密蓬国王展示出对泰国政治

的重要影响。

1973年10月,泰国爆发了现代史上规模空前的群众反政府示威,军警向示威群众开枪,打死打伤大批学生和群众,导致泰国政局激烈动荡。关键时刻,普密蓬国王召见他侬、巴博及其内阁成员,要求他侬、巴博等人离国,他侬、巴博军人政权随之垮台。1981年4月,以少壮派领袖马农为首的少壮派军官发动政变,扣留炳·廷素拉暖上将,希望胁迫其发动军人政变,国王巧妙地召见炳,使其逃脱到东北部权力基地呵叻第二军区,领导第二军区组织反击,政变被击败。1985年9月9日发生的政变,也因为国王的反对态度,政变很快被粉碎。

1992年5月,泰国再次爆发大规模的群众抗议政府的活动,人数最多时近10万,这也是20年来泰国历时最长的一次政治危机。在激烈的流血冲突中,40人被打死,600多人受伤,3 000多人被捕,还有多人失踪。5月19日晚,国王召冲突双方领袖素金达和占隆进宫,要求他们两人以国家利益为重,通过谈判解决危机。电视台直播了整个会面过程,素金达和占隆伏在普密蓬国王的脚下,聆听教诲和斥责:“你们只想要战胜对方,却不知谁是胜者。因为你们两人都是失败者,人民败给了人民,所产生的损失是全国性的,有什么可以炫耀的呢……想一想,怎么做才能使国家发展……和好吧……”不久之后,政府宣布释放反对派领袖占隆,素金达也宣布辞去总理职务。

普密蓬国王在泰国政治影响力巨大。登基60多年,28位总理相继组建了60届内阁。普密蓬国王始终以平静的心态见证着政治风云的变幻,屹立不倒,并多次在紧要关头出面干政,化险为夷,帮助泰国人民躲过了一次又一次劫难。在人民心中,普密蓬国王就是他们的庇护神,危难时刻他总会挺身而出。普密蓬国王被视为立场公正的“最终仲裁者”。

四、2006 年政变前泰国政治形势

1. 第一届和第二届他信政府

2000 年 11 月 9 日，川・立派总理宣布解散国会下议院进行大选，这也是根据泰王国 1997 年宪法进行的第一次大选。根据宪法规定，下议员共 500 人，其中 100 人为政党名单制下议员，另外 400 人由分区选举产生。

他信・西那瓦领导的泰爱泰党于 2001 年 1 月 6 日举行的泰国第 22 次大选中获胜，获得 500 个下议院席位中的 248 席，泰爱泰党成为执政党，他信被下议院推选为泰国第 23 任总理。泰爱泰党虽然占据了下议院大多数席位，但仍与获得下议院席位的小党派联合，第一届他信政府是以泰爱泰党为首的政党执政联盟共同执政的。第一届他信政府的任期为 2001 年 2 月 17 日至 2005 年 3 月 31 日。

2005 年他信内阁成员

他信上台后利用泰爱泰党占据国会下议院多数席位的优势，通过出台新政策的方式推动泰国在经济、民生和农业方面的改革与发展。

第一届他信政府时期推出的几个标志性的新政策：经济方面的“一村一产品”政策、农村 100 万铢基金政策；民生方面的 30 铢医疗政策；以及农业方面的农民 3 年免征税政策等。他信政府出台的新政策大多属于“惠农政策”，农民成为他信政府上台后的受益者。但政策上的重心偏移，也导致他信政府和泰国城市中产阶级、小资产阶级的矛盾激化。

2001 年第一届他信政府开始积极推动国企私有化改制，通过上市和销售股票的方式进行国有企业私有化。但在对泰石油（PTT）的私有化过程中，他信政府被认为存在对国有企业估价过低和股票认购不透明的情况，他信政府因此受到部分民众的质疑和反对。2004 年，他信政府在推动对泰国国家电力公司的私有化改制时，遭到电力公司员工和社会团体的坚决反对，导致他信政府最终搁置此项改革。

附：他信·西那瓦简介

1949年2月26日，出生于泰国清迈，第四代华裔。

1969年，考入曼谷警官学校，以全校第一的成绩毕业，进入警界工作。

1973年，获政府奖学金赴美国东肯塔基大学和休斯顿州立大学攻读犯罪学，先后获得刑事司法硕士学位和博士学位。

1982年，创办西那瓦电脑服务与投资公司。

1986年，西那瓦电脑公司成为最先取得营业执照的电信公司之一。

1990年，西那瓦电脑服务与投资公司上市，基本上垄断了当时泰国的电视卫星天线和移动电话行业。

1994年，他信开始从政，同年10月出任川·立派政府外交部部长。

1995年1月，他信因为不满从政府辞职，因此辞去政府外长职务。

1995年5月－1996年11月，他信担任泰国正义力量党领导人。

1995年，他信创建泰爱泰党并担任主席。

2001年1月，他信领导的泰爱泰党在议会选举中获胜。

2001年2月，他信出任泰国第23任总理。

2005年3月，他信蝉联总理并于3月14日宣誓就职。

2006年1月，他信家族将其拥有的西那瓦集团近50%的股份出售给新加坡国有巨鳄淡马锡公司，遭到反对。

2006年2月24日，他信宣布解散国会下议院，并定于4月2日重新举行大选。

2006年9月19日，泰国陆军总司令颂提宣布发动政变。

2006年10月，他信辞去泰爱泰党主席职务。

2007年8月14日，泰国最高法院审理他信在任职期间，涉嫌滥用职权使其夫人朴乍曼以低价成功中标曼谷市区一处国有地产的案件。

2007年9月19日，泰国刑事法院因他信忽视传唤不到法庭和拒绝接受调查，批准对他信及其夫人朴乍曼发出逮捕令。

2008年2月2日，他信返回曼谷，但随即离开。

2008年10月21日，泰国大理院就他信及其妻子朴乍曼涉嫌非法购地案进行宣判，判处他信有期徒刑两年，朴乍曼无罪。

2009年4月14日，泰国政府再次对他信发出逮捕令，泰国外交部表示已经吊销他信普通护照。

2010年2月26日，泰国最高法院判决，没收他信及其家族760亿泰铢被冻结财产中的违法所得部分，总计463.79亿泰铢。

2010年5月25日，泰国刑事法院以涉嫌从事恐怖活动为由对他信发出逮捕令。

2015年5月27日，泰国外交部发言人正式宣布前总理他信两本泰国护照被吊销。

2015年5月28日，泰国警方“警衔撤销审议委员会”开会后做出决议，撤销他信的警察中校官职。

第一届他信政府任满 4 年时间，随着下议院任期于 2005 年 2 月 5 日到期，第一届他信政府内阁任期也随之到期。

“30 铢医疗”政策

“一村一产品”政策

2005 年 2 月 6 日，泰国举行第 23 次全国大选。泰爱泰党在竞选前将第一届他信政府时期政党执政联盟中的小党派进行整合，让这些小党派中的下议员全部加入泰爱泰党。这些小党派包括：新希望党、国家发展党、社会事务党、公平自由党和团结党。泰爱泰党最终在大选中获胜，获得下议院 500 个席位中的 375 个席位，这也是泰国大选历史上单一政党首次获得超过半数的下议院席位。2005 年 3 月 11 日，他信正式被任命为泰国第 24 任总理，这也使他信成为泰国历史上第一位连任的民选总理。

他信竞选拉票(1)

他信竞选拉票(2)

第二届他信政府延续第一届他信政府时期的各项政策，并出台政策试图通过囤积橡胶的方式抬高橡胶价格。第二届他信政府的成就：经济方面，出台调控橡胶价格政策，将占泰国 GDP57% 的公共债务降低至

41%;旅游方面,修建清迈夜间动物园,整修素万那普机场等。

2006年1月23日,他信家族所属的西那瓦集团将49.595%的股份卖给新加坡淡马锡控股公司,总价值相当于7 327 120.910万铢。这笔交易是泰国证券交易所历史上单笔最大交易,同时也在泰国社会造成极大的影响。这笔交易也成为反他信阵营举行游行示威活动的导火索,反政府一方认为他信作为总理利用国家资源为自己家族牟利。迫于各方压力,他信最终不得不在2006年2月24日宣布解散国会下议院,重新举行大选。

附:他信政府简介

2000年11月9日,川·立派总理宣布解散国会大选。

2001年1月6日,他信领导的泰爱泰党赢得大选,当选泰国第23任总理。

2004年9月,黄衫军组织反他信政府示威集会。

2005年2月5日,他信政府任期届满。

2005年2月6日,泰爱泰党整合小党派后参加大选,成为泰国首个获得一半以上下议院席位的政党。

2005年3月11日,他信成为泰国第24任总理,也是历史上唯一连任的民选总理。

2006年1月23日,他信家族所属的西那瓦集团向新加坡淡马锡公司出售股份遭到反对。

2006年2月24日,他信迫于压力在2006年2月24日宣布解散国会下议院,重新举行大选。

2006年4月2日,泰国举行大选,选举仅有为泰党参加,且得票率不足20%

2006年5月8日,泰国宪法法院判决4月2日大选无效,并定于10月15日再次举行大选。

2. 黄衫军示威游行

黄衫军是泰国政治组织人民民主联盟的俗称。因为人民民主联盟在集会游行中统一穿着象征王室的黄色衣服,因而得名“黄衫军”。黄衫军的主要发起人是林明达(Sondhi Limthongkul)和占隆·西蒙(Chamlong Srimuang),参与者大多为城市中产阶级,主要的政治诉求为维护君主立宪制和推翻他信政府。

黄杉军领袖占隆·西蒙和林明达

2004年第一届他信政府任期内,泰国已经出现反对他信总理的示威游行活动。反对者怀疑时任泰国总理和泰爱泰党党魁的他信在执政方面存在问题,可能会对国家利益造成损害和助长贪污腐败状况。2004年9月25日,反对者第一次使用黄衫军的名义进行示威游行。

从2004年开始,各类反他信游行示威不断爆发。而到2005年,黄

黄衫军领袖林明达

衫军开始成为各种反政府游行示威活动的主要组织者和领导者。黄衫军进行示威活动的同时，支持他信政府的团体也开始组织游行，以表达对他信政府和泰爱泰党的支持。

黄衫军在他信解散下议院后持续以曼谷市为中心举行反对他信的示威集会活动。2006 年 4 月 2 日大选前夕，黄衫军集会人数达 20 万，并进入商业区和金融区进行反他信游行，导致大型商场和公司不得不暂停经营。黄衫军游行导致曼谷市交通瘫痪，民众出行不便，这也致使他信支持率下降。

2006 年大选后，黄衫军持续组织游行示威活动以增加对他信看守政府的压力。9 月 2 日，黄衫军发起 43 个机构和 11 个大学组成的示威集会，呼吁他信立刻辞去总理职务。

人民力量党联盟执政后，黄衫军开始在泰国法政大学等地举行示威游行活动，反对沙马和颂猜政府，要求他们辞去总理职务。2008 年，黄衫军再次举行示威活动反对人民力量党执政和反对已经流亡海外的前总理他信。

5 月，黄衫军占领位于曼谷的素万那普国际机场和廊曼机场，要求颂猜总理辞职。黄衫军占领机场的行动导致飞往曼谷的多条国际、国内航线被迫停航，泰国交通运输、贸易、旅游等行业损失惨重。据统计，仅素万那普国际机场的损失就达 3.5 亿泰铢，航空运输公司的损失则超过 250 亿铢。

黄衫军示威集会

外府的黄衫军支持者，则效仿黄衫军，占领了普吉、甲米等地机场。也有支持者封锁铁路、道路，造成泰国陆上交通混乱。黄衫军封锁机场的活动不仅使泰国蒙受经济上的损失，而且也使泰国在国际上的形象受到影响。

2008 年 12 月，宪法法院判决人民力量党解散政党后，黄衫军集会游行活动才逐渐减少。

2010 年 4 月，黄衫军再次走上街头反对红衫军集会和要求阿披实政府尽快解决泰国政治乱局。阿披实总理公布政治和平路线后，黄衫军仍然表示不满意，要求阿披实下台以减少政治矛盾。

3. 2006年4月2日大选

随着西那瓦家族出售股票案持续发酵,反对党在下议院中提起针对他信总理的不信任调查议案。他信总理为避免下议院展开不信任调查,于2006年2月24日宣布解散国会下议院。根据《泰王国1997年宪法》规定,国会下议院解散后90天内必须举行大选,因此2006年泰国大选最终定于2006年4月2日。

他信宣布解散下议院后,由民主党、泰国国家党和民众党三个政党组成的反对党,2月25日要求泰爱泰党能够保证重新大选后建立宪法修订委员会,对《泰王国1997年宪法》第313条进行修改。泰爱泰党则表示,不会与反对派签署协议书,并邀请各政党于2月27日到国会共同协定和签署协议,协议规定在选举期间共同对《泰王国1997年宪法》进行修改,直到2006年大选完成后再成立新的委员会起草新宪法。反对党认为,泰爱泰党只是在拖延时间,因此于2月28日宣布,拒绝参加2006年4月2日的大选。

2006年大选过程中被认为存在诸多问题,包括很多选举点候选人得票数低于投弃权票的票数,以及出现大量废票。

根据《泰王国1997年宪法》规定,大选采取两种方式选拔下议员,一种为名单比例代表制,另一种为分区选举制。名单比例代表制是参选各政党提交各自的下议员候选人名单,最终通过名单比例代表制选举中获取选票的比例来分配各政党拥有下议员的名额。分区选举制是参选各政党在划分出的若干选区内,推选不定数量的候选人,获得选票数量最多的候选人将获得下议员资格。

统计结果显示,名单比例代表制下议员选举方面,泰国有选举资格的4 490.956 2万人中,参选的人数达2 908.820 9万人,参选比率达

64.77%。泰爱泰党最终获得1 642.075 5万票，占有效选票的56.45%。分区选举制下议员选举方面，泰国选举资格的4 477.862 8万人中，参选人数达2 899.836 4万人，参选比率达64.76%。

2006年4月2日大选出现只有泰爱泰党参加且得票率不足20%的情况。在此情况下，议员人数不能达到宪法规定的500人，也意味着无法召开第一次国会和推选总理。泰国宪法法院最终于5月8日宣判，2006年4月2日大选结果无效。泰国选举委员会根据宪法规定，宣布下一轮选举将于2006年10月15日进行。

2006年4月2日大选被宣判无效，被认为是泰国自2005年9月以来政治乱局的一个转折点。

五、2006 年政变后泰国政治形势

1. 2006 年军事政变

2006 年 9 月 19 日，泰国陆军总司令颂提·汶雅叻格林领导的“君主立宪制下行政改革委员会”发动政变。政变的军人进入泰国首都曼谷，并包围总理府和国会。颂提宣布夺取政权，并宣布解除泰国总理他信·西那瓦的职务。

泰国当地时间 19 日晚 10 点左右，10 辆坦克和约 50 名士兵封锁了总理府大楼道路。

他信随即宣布国家进入紧急状态，并解除颂提的陆军总司令职务。颂提随即发动军事政变，颂提指挥的军队进入并占领总理府。随后，颂提以泰国陆军总司令的名义正式宣布政变，并宣布解散他信内阁，废除《泰王国 2006 年宪法》。他信内阁副总理奇猜·万那萨提和国防部部长探玛叻·伊沙朗军·纳·阿育陀耶被拘捕，其他内阁成员被控制。

政变军政府正式宣布发动政变

军队开入老国会大厦前

2006 年军事政变(1)

2006 年军事政变(2)

2006 年军事政变(3)

19 日晚军方政变后,泰国广播电视正常播放的信号被切断,全部改为播放国王和王室的纪录片及歌曲。军方同时切断美国有线新闻网、英国广播公司、美国 Bloomberg 及 CNBC 等国际媒体的有线电视网,以防民众接收到国外媒体对于政变的报道。

正在美国纽约参加联合国大会的他信则表示自愿辞职。他信本来

颂提·汶雅叻格林

预定在9月19日第61届联合国大会上，以泰国式民主经验为题进行演讲，但泰国发生政变后，他信的演讲随即被取消。他信面对这一变故表示："我在纽约参加联合国大会时还是泰国总理，但我离开时就失业了。"

2006年军事政变距上一次1991年顺通·空颂蓬将军发动的军事政变已经有15年时间。政变委员会取消了原定于2006年10月5日的大选，并解散国会、禁止政治集会和拘捕政府部长。颂提·汶雅叻格林在9月21日的全国讲话中表示，将在1年时间内建立符合民主制度的政府，政府建立后"君主立宪制下行政改革委员会"将作为泰国安全委员会继续存在。

君主立宪制下行政改革委员会，在政变后发布的第11份官方声明中更名为国家安全委员会，并公布主要成员名单。陆军总司令颂提任主席、海军总司令萨提拉潘任第一副主席、空军总司令查利和警察总署署长柯威任第二副主席。国际社会对于泰国军事政变普遍表示关切，时任联合国秘书长科菲·安南表示："此举不值得鼓励。联合国鼓励政权依照民主程序，通过选票平和更迭。"美国国务院时任发言人加耶哥斯表示："希望泰国人民以和平的方式解决政治歧异，同时谨遵法制及民主制度不悖。"

军事政变后，颂提提名素拉育·朱拉暖为临时政府总理。素拉育时任泰国枢密院大臣，曾担任泰国陆军总司令。泰国国王普密蓬于2006年10月1日，正式御批建立以素拉育为总理的临时政府，素拉育也成为泰国第56位总理。根据《泰王国2006年临时宪法》，2006年10月9日宣誓任职的素拉育内阁任期为1年。任期结束后，素拉育临时政府内阁转为看守内阁，直到2008年1月29日国会选出沙马·顺达卫为新一任总理，素拉育看守内阁才结束任期。

2006年6月，泰国最高检察院对2006年4月2日大选中政党违反宪法案件进行起诉。当时拥有1 439万名党员的泰国最大的政党，也是泰国历史上唯一一个通过选举一党组阁的执政党的泰爱泰党，和发展国家党、泰国国土党一起作为第一批被告人，民主党和民主进步党作为第二批被告人。2007年5月30日，泰国宪法法院针对该案件进行宣判。判决宣布民主党和民主进步党在大选中舞弊罪名不成立，这使得当时泰国最大的反对党、同时也是历史最悠久的民主党免于被解散。但宪法法院认为，最高检察院对泰爱泰党、发展国家党和泰国国土党的选举舞弊罪成立，因此判决解散这三个政党，同时判决从政党解散之日起，泰爱泰党全部111名执行委员在5年内禁止参政。

素拉育临时政府时期，根据《泰王国2006年临时宪法》设立的宪法起草委员会，起草《泰王国2007年宪法》。这部宪法最终在2007年8月19日，以57.81%的支持率通过全民公投。2007年8月24日，《泰王国2007年宪法》正式实施。

2. 沙马政府

素拉育临时政府在完成《泰王国2007年宪法》后，在2007年12月23日根据新宪法举行大选，这也是2006年政变后第一次民主选举。新

宪法规定，下议院议员人数共计480人，其中400人通过分区选举制选出，剩余的80人使用名单比例代表制选出。

此次大选共有31个政党报名参加，其中比较重要的政党包括民主党、人民力量党、泰国国民党、爱祖国党等。2007年大选前，很大一部分曾隶属于泰爱泰党的下议员加入人民力量党，使得人民力量党实力大增，拥有了竞争执政党的可能性。

2007年12月23日大选中，泰国有选举权的民众达4 400.259 3万人，其中参加分区选举制选举投票的民众达3 277.586 8万人，参选比率为74.49%；参加名单比例代表制选举投票的民众达3 279.224 6万人，参选比率为74.52%。2007年大选，是从1933年泰国第一次大选截至当时的25次大选中，选民参选人数和参选比率最高的一次。

选举结果显示，下议院总共480个席位中，人民力量党获得232席，民主党获得165席，泰国国民党获得37席，爱祖国党获得25席，国民联发党获得9席，中立民主党获得7席，保王人民党获得5席，其他参选政党没有获得席位。人民力量党在这次大选中获得大胜，获得将近半数的下议院席位。

人民力量党的成功有多个方面，包括原泰爱泰党下议员的加入、坚持泰爱泰党政治纲领、承诺前总理他信回国并解除一切指控，包括承诺免除泰爱泰党执行委员5年内不得参政的禁令。但这些因素也导致人民力量党被视为泰爱泰党的复制品和他信势力的傀儡。

大选后第一次国会于2008年1月28日召开，会议旨在选出新一届总理。人民力量党下议员提名沙马·顺达卫担任总理，民主党提名阿披实·威差奇瓦担任总理。投票结果，沙马获得310票，阿披实获得163票，另有3票弃权。最终沙马顺利被推选为泰国第25任总理，2月6日泰国国王普密蓬正式批准沙马担任总理。

沙马政府出台的主要政策：湄公河引水计划、控制食品价格政策和社会弱势群体脱贫计划。政治上，沙马政府实施泰南边境和平建设计划，以及批准年度军官调动名单。

2008 年 5 月 28 日，黄衫军再次组织游行示威活动，驱逐沙马政府。黄衫军认为，沙马政府执政不公平、不透明，执政只是为了自身的利益，是他信体制的代表。沙马坚称自己是民选总理，因此拒绝黄衫军要求其辞职的条件。

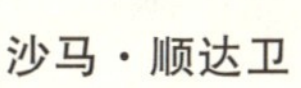

沙马·顺达卫

同年 9 月 9 日，泰国宪法法院因为沙马主持电视节目，违反《泰王国 2007 年宪法》第 267 条和第 182 条的相关内容而解除沙马总理职务，同时判决沙马内阁因违反宪法第 180 条的相关规定全部解职。但沙马内阁仍作为看守内阁继续履行职务，直到根据宪法第 181 条选出新一任总理。

3. 颂猜政府

沙马内阁被解职后，根据泰国宪法规定，将由下议院重新选举总理。2008 年 9 月 17 日泰国下议院会议选举新一任总理，民主党下议员推选阿披实为总理，人民力量党下议员则推选颂猜・旺沙瓦为总理。

下议院选举总理的投票中，480 名下议员到席人数为 466 名。人民力量党及前政府执政联盟中的各党下议员均将选票投给颂猜，阿披实只获得民主党下议员的选票。颂猜最终获得 298 票，阿披实获得 163 票，另有 5 票弃权。因此颂猜顺利被推选为泰国第 26 任总理，2008 年 9 月 24 日，泰国国王普密蓬正式任命颂猜为泰国第 26 任总理。

颂猜的妻子姚瓦帕・翁萨哇是他信的大妹，因此颂猜是他信的妹夫。颂猜在他信政治集团中占有举足轻重的位置，沙马政府时期，颂猜担任副总理兼教育部长。

颂猜・旺沙瓦(1)

颂猜内阁邀请差瓦立・永猜裕担任副总理，主要负责安全事务和与黄衫军进行谈判。但因为警察与黄衫军示威者爆发流血冲突，2008 年 10 月 7 日差瓦立辞去副总理职务。

颂猜政府的主要政绩：提高"一村一产品计划"开展效率，整治泰国金融机构问题，继续推行社会弱势群体脱贫计划和治理泰南动乱。

2007 年大选后，中央选举委员会针对人民力量党、泰国党和中立民主党在选举中存在的舞弊现象进行调查。针对人民力量党的调查集中在荣育·抵亚派叻大选舞弊案件;针对泰国党的调查集中在蒙天·宋巴差大选舞弊案。

颂猜·旺沙瓦(2)

2008年12月2日,泰国宪法法院最终认为人民力量党、泰国党和中立民主党因为在选举中存在舞弊现象,判决以上三个政党解散,政党执行委员共计109人禁止参政5年。

泰国宪法法院法官以8∶1的投票结果宣判,宣布泰国党违反《泰王国2007年宪法》第237条第2款和第68条,判决解散泰国党,该党党魁和执行委员共计29人禁止参政5年。中立民主党同样被判决解散政党,该党党魁及执行委员共计43人禁止参政5年。

泰国宪法法院9名法官投票,最终以9∶0的投票结果通过对人民力量党的判决,判决规定解散人民力量党,人民力量党党魁和执行委员会成员共37人禁止参政5年。这导致时任人民力量党看守党魁的颂猜,根据法律规定自动解除所担任的总理职务,颂猜内阁也于2008年12月2日解职。

4. 阿披实政府

颂猜内阁辞职后，根据泰国宪法规定，国会下议院于 2008 年 12 月 15 日召开会议选举新一届泰国总理。因为宪法法院判决人民力量党、泰国国民党和中立民主党党魁与执行委员在 5 年内禁止参政，导致隶属以上三个政党共计 42 名下议员解职。这使得泰国下议院全体议员人数从原先的 480 人，减少为 438 人。

竞选拉票中的阿披实·威差奇瓦

宪法法院判决解散政党后，隶属于人民力量党、泰国国民党和中立民主党的大部分下议员加入为泰党，使得为泰党根据法律规定获得提名总理的权利。但人民力量党中一支核心政治力量“乃温派”从该党分离，选择支持民主党，成为阿披实在下议院总理选举中获胜的重要因素之一。

12 月 15 日下议院会议当天，438 名下议员到席人数为 436 人。民主党下议员班亚·班拓坛提名阿披实为总理,保王人民党下议员沙诺·天通提名为泰党巴差·彭诺为总理。最终阿披实获得 235 票,巴差获得 198 票,另有 3 票弃权。因此民主党党魁阿披实在下议院选举中获胜,成为泰国新一届政府总理。2008 年 12 月 20 日,泰国国王普密蓬正式任命阿披实为泰国第 27 任总理。

阿披实·威差奇瓦

阿披实政府的主要政绩:出台经济民生促进政策、打击藐视王室案件、维护泰柬争议地区领土完整、维护泰国南部地区稳定。

经济民生方面,阿披实政府出台 15 年义务教育计划、高龄老年人赡养计划、促进就业计划、农村医疗促进计划、为降低民众消费水平的“蓝旗计划”以及中小型企业促进计划。15 年义务教育计划,旨在让每个公民有平等受教育的机会,阿披实政府拨款 192.961 亿铢用于免除学生的学费、书本费和校服费,同时用于帮助 577 所乡村学校改善教学环境。高龄老年人赡养计划,则是从政府营收资金中拨款,向 60 岁以上的老年人每月发放 500 铢,用于改善老年人的生活。阿披实政府农村医疗促进计划,是通过中央政府财政拨款,向全国 98.701 9 万名乡村医生每月发放 600 铢的补助。

打击藐视王室案件方面,阿披实政府建议修改《藐视王室法》,加重藐视王室者的刑罚。藐视王室者将被处以 3 ~ 20 年有期徒刑,或 20 万 ~ 80 万铢的罚金。阿披实政府建立特别事务行动部队,用以打击藐视王室者。因为被认为存在藐视王室,4 800 个网站被政府关闭。

2008 年年初，泰国因柬埔寨单方面将柏威夏寺及周边地区申请为世界文化遗产，涉嫌侵占泰柬争议地区泰国一方领土而与柬埔寨在边境爆发冲突。2009 年 4 月 3 日，泰柬两国边防部队首次在柏威夏寺边境地区交火。2009 年 5 月 5 日，柬埔寨任命泰国前总理他信为政府经济顾问，泰国出于多方面考虑召回泰国驻柬埔寨大使，并降低两国外交级别。

泰国军队集结四色菊府

泰柬柏威夏寺领土主张不同

泰柬柏威夏寺领土争端

柏威夏寺

2011 年 2 月，泰柬两国边境冲突加剧，双方均增加兵力并不时爆发小规模冲突。2011 年 2 月 14 日，联合国安理会召开泰柬边界冲突调解会议，阿披实政府派出特使伽西·披隆向联合国安理会解释和报告。联合国安理会虽然敦促泰国和柬埔寨保持最大限度克制，避免任何使局势更加恶化的行动，并实现永久性停火。但阿披实政府的外交努力没有取得成功，联合国安理会调解后，泰柬双方并没有实现停火，边境上的零星交火一直持续到 2011 年 6 月末。

阿披实政府为缓和泰南地区局势，打击泰南当地分裂势力，于 2011 年 4 月 21 日宣布在泰国第 4 军区驻守的南部那拉特越府、北大年府、也拉府实施戒严。

作为反对党的为泰党，在国会中对阿披实总理和 9 名内阁成员提出不信任案。为泰党提出的不信任案认为，阿披实政府存在诸多包括贪污腐败、经济政策失误、侵犯人权和外交政策失误等问题。不信任案中还特别指出，阿披实政府必须为 2010 年红衫军集会者与军队爆发流血冲

突事件中死亡的91人负责。经过4天电视直播辩论后，2011年3月19日国会下议院最终以249票反对、184票赞成和11票弃权，否决了针对阿披实本人的不信任案，阿披实及其内阁得以继续执政。

2009年以来，泰国“反独裁民主联盟”（红衫军）持续发起针对阿披实政府的示威集会活动。2010年红衫军游行示威活动规模升级，要求阿披实解散国会下议院并重新举行大选，红衫军和军警发生冲突，双方各有伤亡。2010年5月13—19日，阿披实政府下令军队对最后聚集于叻巴颂路口的红衫军清场，清场活动造成红衫军多人死伤。下令清场最终成为阿披实政府沉重的政治负担，迫于各方压力，阿披实政府在2011年5月9日宣布解散下议院重新举行大选，泰国国王普密蓬于5月10日正式批准解散下议院。

5. 泰国2010年动乱

泰国2010年动乱是红衫军示威集会者与维持秩序的军警发生的一场流血冲突，这场冲突最终演变为造成91人死亡，2 100人受伤的惨案。2010年泰国动乱最终以2011年5月19日红衫军领导人宣布解散集会而告终。

2010年泰国动乱是自2006年他信遭到军事政变下台后，他信支持者与反他信者之间矛盾不断延续和加深的结果。2008年12月2日宪法法院宣判解散人民力量党、泰国国民党和中立民主党事件，以及2008年12月15日下议院总理选举中作为国会多数党的为泰党在总理选举中失败，是泰国2010年动乱的直接导火索。红衫军认为，2008年下议院总理选举中，时任陆军总司令的阿努蓬·保津达向部分政党和下议员施压，导致这些原先支持为泰党的小政党倒戈选举阿披实为总理。这也成为红衫军反对阿披实政府的一个理由。

红衫军集会(1)

红衫军集会(2)

2006年军事政变后，泰国北部和东北部他信的支持者，通过分散的集会活动表示对他信政府的支持。2007年红衫军正式成立，此后不断吸收其他支持他信的组织和团体，并在各地举行巡回反政府示威集会。2010年，红衫军已经发展成为泰国最大的支持他信和反对阿披实政府的街头运动政治同盟。

由于红衫军认为泰国军方是造成人民力量党被判解散政党，以及此后组建阿披实政府的幕后推手，因此自阿披实政府2008年执政开始，红衫军就已经不断开展针对阿披实政府的示威游行活动。2010年年初，红衫军宣布将于当年3月14日在曼谷举行大型反政府游行示威活动。阿披实政府则通过提高泰国国家安保级别进行回应，包括审查和关闭与红衫军有关的网站、电台和电视台，但并没有成功阻止大批外府红衫军示威者进入曼谷。

红衫军在总理府前洒血

红衫军2010年3月14日的游行示威活动规模空前，被认为是泰国历史上最大的一次反政府示威游行活动。红衫军从叻察丹能路攀珐里拉桥出发，通过环绕曼谷游行，在总理府大门、民主党办公楼和阿披实住宅门口泼洒鲜血的方式表达抗议。阿披实政府代表和红衫军领袖进行了两次谈判，谈判结果是阿披实政府承诺将解散下议院，但最终时间还不能确定。红衫军从叻察丹能路出发前和游行活动中，发生10多起M79流弹袭击事件，但最终无法缉拿到任何袭击者。

2010年4月3日，红衫军示威者占据叻巴颂路口，并在叻巴颂路口附近地区设置障碍物，禁止任何车辆通行。4月7日，阿披实政府宣布曼谷及周边地区进入紧急状态，禁止5人以上的政治游行。4月10日，军队驱散攀珐里拉桥附近聚集的红衫军示威者，造成24名示威者、1名日本摄影师和5名军人死亡，约800人受伤。到4月14日，红衫军领袖宣布取消在其他地区的集会，将剩余的红衫军示威者集中在叻巴颂路口的集会点。4月22日，再次发生针对红衫军的袭击事件，袭击者使用手榴弹爆炸造成1名示威者死亡，约86人受伤。部分红衫军示威者冲入附近被认为袭击者可能藏匿的朱拉隆功医院进行搜查，但最终没能找到袭击者。4月28日，在叻巴颂路口集会点示威的红衫军，游行前往位于廊西的泰国水果批发市场红衫军集会点时，与负责防卫威帕瓦迪廊西路的军人发生冲突，导致1名军人在该事件中丧生。

5月13日，红衫军核心领袖之一的卡迪亚·萨瓦滴蓬在萨拉单路口集会点接受记者采访的过程中，被狙击手击中头部身亡。2010年5月14日，阿披实政府下令军队对在叻巴颂路口集会的红衫军示威者进行清场。军队动用实弹，并在清场活动中出动装甲车和狙击手驱离示威者。

红衫军与军人冲突(1)

红衫军与军人冲突(2)

卡迪亚·萨瓦滴蓬

卡迪亚·萨瓦滴蓬被射杀

军队对红衫军叻巴颂路口集会点的清场一直持续到5月18日,清场活动共造成41人死亡,250人受伤。事后军方称,清场活动中中枪死伤的民众,是因为自身携带武器或遭到穿着军装的恐怖分子袭击。清场活动中死亡的军人,也是遭到同一团伙的恐怖分子袭击。军方在叻巴颂路口附近多个区域放置“实弹射击区域”告示牌,并宣布军队将对进入这些区域的人进行射击。

5月19日,军队攻入叻巴颂路口,红衫军集会者伤亡人数不断增加。红衫军领袖为避免红衫军集会民众受到进一步的伤害,宣布红衫军解散一切集会活动,红衫军领袖无条件向警方自首。红衫军领袖的这一决定,导致红衫军示威者对阿披实政府和军队产生极大的不满。红衫军示威者当晚在泰国多地举行暴动,并对商场、政府大楼等建筑进行纵火。

阿披实政府随即在泰国多个府实施《戒严令》，禁止民众夜间外出，同时要求泰国所有电视台播放政府公告和新闻。阿披实政府同时下令，批准军队对抢劫、纵火和破坏稳定的人使用实弹射击。

泰国 2010 年动乱规模大、时间长、地域广、伤亡多的特点，对泰国政府和社会造成了不可弥补的损失。

交通方面，红衫军游行集会期间，外府游行示威者大量进入曼谷和军警加强临检造成外府连接曼谷的道路拥堵，示威者进入曼谷后封锁集会地点周围道路，导致曼谷市内道路交通瘫痪，轻轨和地铁因为站台被封锁不得不阶段性暂停服务。

曼谷 central world 商场被烧毁

经济方面，红衫军在泰国商业、购物中心区的叻巴颂路口长期集会，导致该地区多所大型购物商场和办公写字楼关闭，从而影响了泰国正常的商业、旅游经济秩序。根据政府方面的统计，红衫军集会造成商业上

的直接经济损失达10亿铢,零售业者的损失达3亿铢。泰国旅游方面的损失每个月将近100亿泰铢,而且随着集会时间的增加损失程度不断增加。加上包括红衫军暴动和纵火所造成的损失,2010年泰国动乱造成的综合经济损失达350亿铢。

6. 红衫军

红衫军是2006年军事政变后逐渐形成的一支重要的街头政治力量,红衫军的核心政治组织是“反独裁民主联盟”(UDD)。

红衫军示威集会

2006年军事政变后,泰国北部和东北部地区涌现出多个支持他信的政治团体,这些团体大多由农民组成,根据政治形势的发展举行不定期的集会活动,表达对他信的支持和对素拉育临时政府的反对。这些政治团体的示威者,因为在2007年8月反对《泰王国2007年宪法》公投过程中以穿着红色衣物,并在此后的示威集会活动中以红色为标志物,因此被称为“红衫军”。

红衫军的主要领袖包括威拉·穆西贾蓬、纳塔武·赛格、卡迪亚·萨瓦滴蓬、乍都蓬·彭潘。

早在2007年5—6月,泰国宪法法院判决泰爱泰党解散政党前后,支持他信的这些政治团体就开始进入曼谷举行小规模的示威游行活动,表示支持泰爱泰党，对宪法法院判决表示不满。

2007年12月，随着亲他信的人民力量党在大选中再次获胜，沙马出任泰国总理，民主党和黄衫军针对沙马政府的政治斗争随即开始。沙马因为参加烹饪节目而被宪法法院判决解职，人民力量党推选的颂猜继任总理后，宪法法院判决人民力量党在2007年12月23日大选中存在舞弊，判决人民力量党解散政党，颂猜总理也因此自动解职。宪法法院的判决引起红衫军的强烈不满，阿披实政府上台后，红衫军于2009年3月26日再次举行游行示威活动，阿披实政府宣布曼谷及周边地区进入紧急状态，并调动部队使用催泪弹驱散红衫军示威者。直到4月14日，红衫军与军队发生冲突，红衫军多名领导人被拘捕，游行示威活动宣告解散。

2010年，红衫军为迫使阿披实政府解散国会并重新举行大选，于当年3月14日开始在曼谷举行声势浩大的游行示威活动。游行示威活动最终以军队5月19日对叻巴颂路口集会点的强力清场，红衫军领袖宣布向警方自首告终，红衫军示威者和军人在冲突中均有死伤。以威拉·穆西贾蓬为首的红衫军领导人在向警方自首后，红衫军领导层经历了一段真空期，直到2011年5月19日，宋巴·本安阿农组织和发动红衫军成员进行活动，并组建反独裁民主联盟看守委员会，红衫军前领导人温·多集拉干医师的妻子媞妲·塔温歇担任反独裁民主联盟看守委员会主席。

此后，在2011年大选和英拉·西那瓦担任总理期间，红衫军仍举行不定期集会活动，以表示对英拉及其内阁的支持。

附：英拉·西那瓦简介

1967年6月21日，出生于泰国清迈，是他信·西那瓦的妹妹。

1988年，获清迈大学政治学学士学位。

1990年，获美国肯塔基州立大学公共管理硕士学位。

1994年，英拉担任泰国彩虹传媒公司总经理。

1999年，英拉担任泰国AIS电信公司副总裁。

2002—2005年，英拉担任泰国AIS电信公司总裁。

2006—2011年，英拉担任SC地产公司总裁。

2011年5月，英拉从政，参加下议院选举。

2011年8月5日，英拉·西那瓦接受泰国国王普密蓬·阿杜德谕令，正式担任泰王国第28任总理。

2012年6月，英拉兼任泰国国防部长，成为泰国历史上首位女国防部长。

2012年4月，英拉总理正式访问中国。

2013年11月11日，为迫使政府放弃特赦法案，上万名民众在曼谷集会，国会上议院否决了该法案，英拉承诺不再推动该法案。

2014年5月，陆军总司令巴育发动政变，英拉被解职。

2014年7月17日，泰国国家肃贪委员会以英拉在大米典押政策中失职为由起诉英拉。

7. 2011 年大选

阿披实向泰国国王呈递解散国会的意见后，2011 年 5 月 10 日，泰国国王普密蓬·阿杜德正式下令解散国会下议院。根据《泰王国 2007 年宪法》的规定，大选最终定于 2011 年 7 月 3 日举行。

英拉·西那瓦在 2011 年大选前拉票(1)

英拉·西那瓦在 2011 年大选前拉票(2)

2011 年大选是泰国自 1932 年实行君主立宪制革命以来举行的第 26 次国会大选。根据泰国 2011 年宪法修正案，下议院由 500 名议员组成，下议员任期为 4 年。其中 375 个议席通过分区选举制选出，泰国全国分为 375 个选区。选区按照当地人口数量进行划分，因此单个行政区域内可能有多个选区，例如曼谷市拥有 33 个选区。每个选区拥有一个下议院席位，由选民直接投票产生。另外 125 个议席通过名单比例代表制选出，议席按照政党所获直接投票议席数量比例进行分配。因此，选民在大选投票过程中需要填写两张选票，其中一张为选举政党，另一张为选举其所在区域的候选人。

2011 年大选共有 40 个政党报名参加选举，其中比较重要的政党包括为泰党、民主党、泰自豪党、国家发展党等。2008 年 12 月 2 日泰国宪法法院宣判解散人民力量党、泰国国民党、中立民主党前后，隶属于这 3 个政党的大部分下议员和普通党员纷纷加入为泰党。此后，通过 2007 年大选后多次补选，为泰党在 2011 年大选前夕已经在下议院中占有 191 个席位，成为下议院中的第一大党。

6 月中旬，在大选前夕黄衫军通过媒体宣传和制作类似竞选牌的黄色宣传牌的方式，倡导民众不要参与大选或者不填写选票。黄衫军制作的宣传牌上是以猴子、狗、蜥蜴和水牛等动物头像搭配西装半身像来讽刺国会议员，宣传牌上写着“不要让动物进入国会”。黄衫军认为，参选的政党不会为民众的利益考虑，更不会改变泰国的社会现状，因此呼吁民众用弃选的方式来抵制大选。

2011 年大选中，为泰党的主要竞选策略：一方面，承诺延续他信时期已经成功推行的政策，主要包括 30 铢医疗政策、200 万铢农村基金政策、“一村一产品”政策；另一方面，推出更加吸引选民的新政策，主要包括大米典押政策、大学毕业生最低工资 15 000 铢政策、劳工日最低工资 300 铢政策。民主党的主要竞选策略：降低物价、扩建曼谷市轻轨线路、持身份证治疗疾病、增加劳工日最低工资 25%、提高公务员工资、15 年义务教育等。

2011 年大选前，民主党就已经将阿披实定为竞争总理的候选人，而为泰党则不公开总理候选人人选。直到当年 5 月 16 日，为泰党召开党委会议，最终确定前总理他信的妹妹英拉·西那瓦作为为泰党名单比例代表制选举名单中的第 1 号。这也意味着，为泰党确立英拉为该党竞争总理职位的候选人之一。

2011 年 7 月 3 日大选中，泰国有选举资格的选民达 4 693.954 9 万人，其中参加分区选举制选举投票的民众达 3 522.037 7 万人，参加名单比例代表制选举投票的民众达 3 522.020 8 万人，参选比率为 75.03%。其中投票率最高的府为廊磨喃蒲府，投票率达 88.61%。

7 月 3 日晚，阿披实在大选结果尚未正式公布前承认民主党在大选中失败，并祝贺为泰党取得胜利 。7 月 4 日，阿披实看守政府国防部长巴维·翁素万表示，他在跟军方将领谈论了选举结果后，承诺军方不会干预选举结果。

选举结果显示，下议院 500 个席位中，为泰党获得 265 席，民主党获得 159 席，泰自豪党获得 34 席，国家发展党获得 19 席，国家开发联盟党 7 席，民力党 7 席，爱泰国党 4 席，祖国党 2 席，爱和平党 1 席，大众党 1 席，新民主党 1 席。

2011 年大选是迄今为止(2014 年)泰国大选历史上，参选人数最多和投票率最高的一次大选。为泰党在名单比例代表制选举中获得 48.41% 的支持率，为泰党赢得的国会席位更是占到 53%。而为泰党也成为继 2005 年大选泰爱泰党首次获得超过下议院半数以上席位后，泰国历史上第二个获得下议院半数以上席位的政党。根据宪法规定，为泰党拥有的席位超过 250 席，达成组建一党制政府的条件。

六、2011 年大选之后至今

1. 英拉政府

2011 年 7 月 3 日大选正式结果公布后，为泰党最终赢得下议院 500 个席位中的 265 个，成为泰国国会最大党。根据泰国宪法规定，在选举产生民代后的 30 天内必须召集民代召开第一次下议院大会，因此 8 月 2 日国会召开第一次会议，选出颂萨·革素拉为国会主席。

国会下议院于 2011 年 8 月 5 日再次召开，会议主要内容是投票选出新一届泰国总理。为泰党在下议院会议前专门召开会议，确认英拉为为泰党竞选总理的候选人。下议院会议当天为泰党下议员提名英拉为总理，而有提名资格的民主党却决定放弃提名总理候选人。

8 月 5 日，下议院 500 名议员中，4 名民主党议员缺席会议，实到人数为 496 人。其中英拉获得 296 票赞成票、3 票反对票和 197 票弃权票，被下议院推选为新一届政府

总理。为泰党 265 名民代中，261 名民代投赞成票，4 名民代投弃权票；民主党除有 4 人缺席、3 人投反对票外，剩余的 152 名民代均投弃权票。2011 年 8 月 9 日，泰国国王普密蓬 · 阿杜德正式任命英拉为泰国总理。

2011 年国会下议院总理提名选举各党投票统计表

被提名人	政党	赞成	反对	弃权	缺席	合计
英拉 · 西那瓦	为泰党	261		4		265
	民主党		3	152	4	159
	泰自豪党			34		34
	国家发展党	19				19
	国家开发联盟党	7				7
	民力党	7				7
	爱泰国党			4		4
	祖国党			2		2
	爱和平党			1		1
	大众党	1				1
	新民主党	1				1
	合计	296	3	197	4	500

2011 年 8 月 10 日，英拉及全体内阁成员共 36 人在诗丽吉医院崇圣楼 14 层会议厅，向泰国国王普密蓬 · 阿杜德宣誓就职。

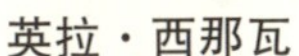

英拉·西那瓦

英拉当选泰国总理

国王任命英拉为总理

2011 年 7 月起，泰国爆发了历史上最严重的洪涝灾害，一直到 2012 年 1 月 16 日洪水威胁才基本解除。2011 年大洪水导致泰国受灾人数达 1 280 万人，死亡人数达 813 人。根据世界银行的统计，截至 2011 年 12 月底泰国因此造成的经济损失达 1.44 万亿泰铢。英拉政府刚刚成立就不得不面对水灾带来的政治乱局，这一方面是来自为泰党内部的分

歧，隶属于为泰党的下议员因为各自利益发生冲突，最终不得不由党魁出面调停；另一方面是英拉领导的中央政府和素坤攀·波利帕亲王管辖的曼谷市政府间的冲突，暴露出为泰党在曼谷市地区缺少民众支持的现状。

根据泰国法律，泰国中央政府和曼谷市政府都是由选举产生的，中央政府对曼谷市政府有一定的管辖权，包括年度预算审批、警察配备和政策执行方面。但曼谷市政府拥有高度的行政自主权和一定程度的立法权，包括制定和出台政策、法规、条例等。英拉政府成立的防洪救灾指挥中心在协调抗洪时并没有与曼谷市政府进行任何沟通交流和资源共享，因此素坤攀亲王呼吁希望中央政府与曼谷市政府在抵御首都洪水事宜上保持一致且加强合作。

英拉最后强令素坤攀亲王将防洪闸打开 1 米，让洪水经由市区排入泰国湾，素坤攀亲王最终无奈下令开闸放水。曼谷市长表示，英拉领导的中央政府在水灾管理上存在诸多问题，包括何时开闸放水、发放救援物资等事情上与曼谷市政府都存在分歧。水灾导致曼谷市 50 个区中的 36 个区先后受灾，特别是开闸放水后导致其中部分区域遭到洪水长时间围困。

民主党在国会中指责英拉政府没能有效地组织力量控制洪水，导致泰国北部、东北部、东部地区被洪水淹没，并导致泰国工业重镇大城府、巴吞他尼府的工业区被淹没。英拉总理则回应，她上任时每个水库大坝就已经处于满载状态，否认在应对洪水危机时政策上存在问题。

水灾不仅造成泰国农业大量减产，而且导致曼谷周边的工业区受灾严重，中部的大城府等 7 个工业园区被水淹没，仅大城府 5 个大型工业区就有近 20 万名工人受到影响。日本工厂受灾严重，电子产品厂商西部数据（WD）、东芝、日立等关闭工厂大幅减产，西部数据（WD）公司则公开表示泰国水灾对公司造成“重大影响”，导致硬盘价格大幅上涨。

日本丰田、本田位于泰国的组装基地被洪水淹没，数万辆刚刚出厂的新车被洪水淹没。本田公司表示泰国洪水导致公司损失了全球4.7%的产量。

受到外资厂商的压力，英拉政府水灾后开始提出3 500亿铢治水政策，旨在加固水库和修建堤坝，保护工业区免受洪水威胁。英拉政府在水灾过后，开始将重心转向政治改革和兑现竞选时承诺的各项政策。政治上，英拉政府希望通过制定“和解法”、“特赦法”和“上议员产生条例”的方式来缓和泰国社会矛盾，同时帮助为泰党和红衫军阵营获得政治上的优势。但英拉政府在政治上的努力却以失败告终，而且还激起以民主党为首的反对派力量的强烈反对。最终导致2013年年末反对派力量街头游行示威，使得泰国不得不再次通过军事政变的方式来重新恢复国家正常秩序。

2013年12月9日，英拉宣布解散下议院并重新举行大选，英拉内阁根据宪法规定转为看守内阁，任期直到大选选出新一届政府后为止。下议院解散后，以素贴为首的人民民主改革委员会继续在曼谷街头集会游行，要求英拉看守内阁辞职。

英拉则以宪法中不存在看守内阁可辞职的条款和辞职后泰国将进入无政府状态为由拒绝辞职。2014年5月7日，泰国宪法法院针对塔云调动案宣判，判决英拉总理及另外9名内阁成员在塔云调动案中存在滥用职权，因此免除英拉担任的总理职务及另外9名内阁成员担任的职务。宪法法院判决后，泰国第60任内阁仅剩24名成员，剩余的内阁成员在召开看守内阁紧急会议后，推选副总理兼商业部部长尼瓦探隆担任看守总理。

人民民主改革委员会对宪法法院的这一判决仍不满意，并表示将继续游行。与此同时，一直在北部和东北部聚集的大量红衫军宣布准备进入曼谷。泰国陆军总司令巴育于5月20日宣布在泰国实施戒严，并在

次日召集看守内阁、反对党、红衫军和以人民民主改革委员会为首的反对力量在曼谷陆军俱乐部举行协商会议，商议泰国政治危机的出路，但各方并没有在会期内获得决定性的和解方案。2014 年 5 月 22 日下午 16:30，泰国陆军总司令巴育 · 占奥差担任主席的国家维持和平秩序委员会发动政变，看守内阁因此全部被解职。

英拉政府执政期间，主要经济政策包括 3 500 亿铢治水政策、大米典押政策、2.2 兆铢基础设施建设项目，其余民生型的经济政策还包括劳工最低日薪 300 铢政策、大学毕业生月最低工资 1.5 万铢政策、100 万铢农村发展基金政策等。

3 500 亿铢治水政策

英拉政府在 2011 年水灾后开始提出 3 500 亿铢治水政策，治水政策旨在通过建立 10 个相互联系的模块工程综合治理泰国水灾问题。英拉政府治水政策所需要的资金由政府进行贷款，而这也是导致后来引发泰国政治乱局的 3 500 亿铢贷款案。

2012 年年初，泰国水利资源策略委员会正式公布泰国 3 500 亿铢治水政策，这份治水政策中包括使用 3 000 亿铢用于治理泰国北部、中部和曼谷地区的水利资源，同时使用 500 亿铢用于治理其他流域。3 500 亿铢治水政策将在湄南河流域建设一系列治水项目，包括扩建猴腮工程、大中型蓄水工程以及 200 万莱泄洪区，希望能够具有防范洪水和综合治理的能力。

3 500 亿铢治水政策的构想来自于洪水治理委员会，该委员会由国务院事务部次长通统担任主席。英拉政府在 3 500 亿铢治水政策提出之初就将该政策列为“紧急议案”，这意味着该议案将绕过国会下议院直接进入国会上议院进行审议。2012 年 6 月 5 日，英拉政府正式向国会上议院提出 3 500 亿铢政府贷款议案，以作为治水政策的资金。国会上议院以91票赞成、16票反对和8票弃权通过3 500亿铢治水政策。

英拉政府把3 500亿铢治水政策列为“紧急议案”，从而就能够避开国会下议院，但这遭到以民主党为首的反对党和黄衫军的强烈反对。反对派认为，3 500亿铢治水政策并不属于紧急政策，同时该政策涉及巨额政府财政预算，应该列入国家年度预算并在下议院中进行审议，而不是由政府内阁独自审议和执行。

2013年年初，泰国民间组织“应对全球变暖协会”向泰国行政法院提起诉讼，控告英拉总理和国家治理水资源策略委员会在3 500亿铢治水政策中违反宪法。“应对全球变暖协会”认为，英拉政府在3 500亿铢政策制定和执行过程中，并没有举行公共听证会和展开环境评估、健康评估，同时该政策缺乏整体规划，部分工程不符合保护自然环境、应对自然灾害理念。

洪水治理委员会在提出治水政策之初，国家肃贪委员会就已经介入，认为该项目中可能存在潜在的贪污腐败风险。泰国肃贪委员会认为，3 500亿铢治水项目没有明确的规划和实施方案，没有一个中间参考价格，哪家公司愿意参与竞标，就由哪家公司提出建设方案和价格。国家肃贪委员会对3 500亿铢治水政策进行评估，并成立专门的工作组对该项目中的贪腐问题进行跟踪调查。

虽然遭到各方反对，但英拉政府仍按计划推进3 500亿铢治水政策，并开始启动项目招投标工作。参与投标的公司共有5家，分别为韩国K-WATER公司、中国水电集团合作联盟(ITDPOWERCHINA)、TEAMTHAILAND、SUMMIT SUT和LOXLEY。当年5月，国务院事务部次长通统表示，泰国的TEAMTHAILAND公司因为预算超标而提前出局，其余4家公司仍继续竞标。最终，韩国K-WATER公司、中国水电集团合作联盟(ITDPOWERCHINA)拿到了全部9个项目。但同时中标企业表示泰国政府条件过于苛刻，希望泰国政府能够放宽条件。

6月18日，英拉政府内阁会议批准授权财政部贷款3 040亿铢用于建设以上各项目，而财政部也于24日同多家银行签署了内容广泛的贷款协议，总计贷款金额3 500亿铢，年利息为3.8%。

2013年6月27日，泰国中级行政法院最终宣判，判决3 500亿铢治水政策存在违法行为，要求政府暂停实施治水政策进行整改，包括10个模块工程建设。同时要求政府根据《泰王国2007年宪法》第56条、第67条，举行公共听证会。行政法院判决后，洪水治理委员会表示准备建议英拉总理组建法律团队，同时表示3 500亿铢治水政策将继续下去。洪水治理委员会主席、国务院事务部次长通统强调，3 500亿铢治水政策是重大的民生政策，符合泰国民众的利益，在保证合乎法律的情况下，治水政策将会继续执行下去。

英拉政府表示，将按照中级行政法庭的判决，对部分工程的环境影响与投入资金的规模等问题进行重新考虑，并将考虑针对3 500亿铢治水政策进行民调。与此同时，英拉政府也向泰国最高行政法院就此案件提出上诉。随后，3 500亿铢治水政策因为泰国政局动荡而被搁置。

巴育政变后，国家维持和平秩序委员会暂停审查英拉政府时期的政策和项目，3 500亿铢治水政策在审查过后并没有被重启。同时泰国社会开始出现要求国家维持和平秩序委员会取消3 500亿铢治水政策和撤销洪水综合治理与政策办公室的呼声。

泰国最高行政法院于2014年10月31日对英拉政府3 500亿铢治水案进行宣判，法院认为3 500亿铢治水政策只是政府的一个计划，虽然涉及土地等资产或对民众造成影响，但是没有开始实施，因此并没有违反法律。最终判决撤销“应对全球变暖协会”起诉英拉政府3 500亿铢治水政策的案件。

大米典押政策

大米是泰国支柱型出口产品，泰国政府针对大米的调控始终存在，而由政府使用财政资金收购国内大米再统一销售则起源于他信政府。因为是由农民先向政府交付大米,政府在未卖出大米的情况下就先向农民支付一部分收购款,因此这项政策也被称为“大米典押政策”。

政府通过大米典押政策向农民支付高于市场价格的补贴性收购款,从而在一定程度上换取选民的支持,因此该政策也被视为一项民粹政策。他信政府之后的颂猜政府、沙马政府虽然在政策的细节和条款上有所变动,但通过政府行为垄断国内大米市场和高于市场价格收购补贴农民的两大特点并没有改变。而到阿披实政府时期,则改为大米价格保护政策。大米价格保护政策旨在大米市场价格过低时,用政府财政对农民进行补贴,但政府并不购买大米。

英拉和大米典押政策

为泰党在2011年大选竞选过程中,就已经在竞选活动中宣传大米典押政策。为泰党的大米典押政策其实就是他信政府时期大米典押政

策的翻版，只是典押价格更高而且增加典押数量上的限制。大米典押政策的优势在于，政府收购价格较高，农民可以更快和更直接地得到政府补贴。与此同时，泰国政府能够对全国大米进行调控，控制国内大米价格和促使大米出口价格上涨。

但以民主党为首的泰国反对党则认为，大米典押政策让政府拥有动用财政垄断国内大米市场的能力，其中容易滋生腐败。与此同时，大米典押政策也违反市场规律，政府需要承担大米仓储和销售环节的双重风险。

英拉政府大米典押政策从2011年10月开始执行，普通大米稻谷每吨典押价格15 000铢，茉莉香米稻谷每吨2万铢，每户大米典押上限不得超过50万铢。到2013年，参加大米典押的大米数量超过此前历届推行大米典押政策或大米价格保护政策的政府，仅2011年产季典押的大米数量就达6 924 485.91吨，此后泰国大米典押数量呈爆发式增长。2012年产季大米典押数量达14 864 546.21吨，2013年产季大米典押数量达14 671 066.24吨。英拉政府用于大米典押政策的财政预算不断增加，但与此同时由于价格过高和主要大米生产国产量不断升高，泰国大米出口下滑，英拉政府无法通过销售大米获得资金继续维持大米典押政策。

2012年，随着泰国大米典押政策的推进，该政策带来的负面影响逐渐凸显，泰国大米在国际市场上失去价格优势。2012年上半年，泰国大米出口不敌印度和越南，失去全球最大大米出口国地位。2011年泰国大米出口量达1 070.6万吨，2012年出口量为673.40万吨，2013年出口量仅665万吨。由于大米典押政策典押来的大米数量远多于泰国国内消耗和出口的大米数量，导致英拉政府从农民手中典押来的大米被大量囤积。

2013年6月19日，英拉政府宣布将大米典押政策中每吨15 000铢的收购价下调为12 000铢，而国际市场的稻谷价格为7 000铢左右，

2013 年 5 月 31 日大米典押政策总结表

单位:百万铢　数量单位:吨

大米典押项目	收入	成本	亏损	* 典押数量	每吨亏本（铢）	扣除质量损耗后的价值	扣除品质损耗后的亏损
2004/2005 产季单季稻	30 832.71	47 846.19	17 013.48	4 950 767.87	3 436.53	0	17 013.48
2005 产季多季稻	4 442.53	6 180.71	1 738.18	790 056.62	2 200.07	0	1 738.18
2005/2006 产季单季稻	28 156.97	47 700.15	19 543.18	4 260 975.96	4 584.55	0	19 749.98
2006 产季多季稻	12 045.04	19 041.29	6 996.25	2 169 999.62	3 224.08	0	6 996.25
2006/2007 产季单季稻	7 217.59	9 241.22	2 023.63	1 093 846.77	1 850.01	0	2 050.56
2007 产季多季稻	9 657.74	11 999.18	2 341.44	1 553 366.24	1 507.33	0	2 368.48
2007/2008 产季单季稻	4.18	146.08	141.9	6 136.47	23 124.04	3.28	155.03
2008 产季多季稻	28 819.76	62 323.58	33 503.82	3 968 476.61	8 442.49	164.45	34 161.63
2008/2009 产季单季稻	43 087.98	74 115.7	31 027.74	4 585 587.19	6 766.36	655.97	32 011.69
2009 产季多季稻	30 896.72	72 970.18	42 073.46	5 310 727.17	7 922.35	329.05	42 567.05
2009/2010 典押价格	174.04	1 333.49	1 159.45	57 673.98	20 103.52	11.21	1 166.92
2011/2012 产季单季稻	40 024.98	94 851.16	54 826.18	6 924 485.91	7 917.73	25 598.32	61 225.76
2012 产季多季稻	37 748.53	168 959.66	131 211.13	14 864 546.21	8 827.12	61 639.79	131 211.13
2012/2013 产季单季稻	20 231.88	166 566.89	146 335.01	14 671 066.24	9 974.4	67 796.33	146 335.01
共　计	293 340.65	783 275.48	489 934.85	65 207 712.86	109 880.58	156 198.4	498 751.15

资料来源:政府大米政策审核委员会 数据截止日期2013 年 5 月 31 日

15 000 铢在国际市场上显然没有竞争优势。15 000 铢稻谷碾成大米后的成本价格在24 000 铢(800 美金)左右,以致大米在国际市场上无法销售,造成大量囤积,时间一久就出现生虫、大米发霉等情况。

与此同时,由于政府财政预算不足,大米典押政策中开始出现拖欠农民典押款的情况。因此,大米典押政策遭到农民的反对,2013 年年末部分东北部和北部农民进入曼谷参与反政府游行示威活动,要求政府尽快支付他们的大米典押款。2013 年年末,银行方面也不愿意再向英拉政府继续提供贷款,导致政府大范围拖延农民典押款。

2014 年巴育政变后,国家维持和平秩序委员会对英拉政府时期的经济政策和项目进行暂停审查,大米典押政策也在同期被暂停。巴育担任泰国新一届政府总理后,要求政府尽快付清拖欠农民的大米典押款,同时终止大米典押政策。

大米典押政策 9 年统计表

	大米典押数量(百万吨)	亏损(百万铢)	每吨亏损(铢)
他信·西那瓦	12.2	45 291	3 721
素拉育·朱拉暖	2.6	4 365	1 649
沙马·顺达卫	4.0	33 646	8 465
阿披实·威差奇瓦	10.0	74 261	7 460
英拉·西那瓦	36.5	332 372	9 116
累积 9 年典押大米	65.3	489 935	30 411

资料来源:政府大米政策审核委员会　数据截止日期2013 年 5 月 31 日

2.2 兆铢基础建设项目

2.2 兆铢基础建设项目是英拉政府最重要的经济政策之一,也是泰国在英拉政府时期重大基础设施建设项目的统称和蓝本。2.2 兆铢基础设施建设项目在进入国会审议期间,演变成引发泰国政治危机的 2.2 兆铢贷款案。

2.2 兆铢基础建设项目分为 5 个部分,政府通过贷款直接投资其中的 4 个部分,包括铁路、公路、海运和其他方面投资,泰国机场公司则负责空运部分的投资。铁路方面是 2.2 兆铢基础建设项目的投资重点,预计投资 1.6 兆铢,占总投资额的 72.7%。

2.2 兆铢基础建设项目表

	铁路	公路	海运	航空	其他
金额(铢)	1.6 兆亿	4 000 亿	40 亿	940 亿	1 020
占总投资比例	72.727%	18.2%	1.818%	4.273%	4.636%

资料来源:泰国交通部 2013 年 3 月

英拉政府将 2.2 兆铢基础建设项目确定为泰国长期发展政策,而全部实现所列的项目预计将用 7 年时间,即 2013—2020 年。英拉政府希望通过政府性的投资在短期内推动泰国经济复苏,同时这些基础项目能够帮助泰国提高国家竞争力。

2.2 兆铢基础建设项目如果成功实施,可以使泰国以下 3 个基础设施得到升级:(1) 升级现有陆上交通体系,加强连接主要经济区域和交通枢纽区域的运输能力。(2) 升级现有的航运基础设施。(3) 升级国内和国际海运基础设施。

陆上交通方面,公路交通将着重建设城际高速公路,预计修建 5 条连接主要城市的城际高速公路。包括邦巴因—北标府—呵叻府,邦巴因—北榄府,邦亚—佛统府—北碧府,佛统府—夜功府—差昂,春武里

府—芭提雅—马达普。同时，还计划建设多条连接各地区间的国道，以增加泰国国内的道路运输能力。

目前，泰国使用的铁路是由 1893 年“北揽铁路公司”修建的，至今已经有 120 年的历史。同大多数发展中国家一样，缺乏国家强力支持的泰国铁路现在也是惨淡经营。目前，泰国有 4 条主要铁路干线，从曼谷向北部、东部、南部及东北部延伸，虽然勉强构成了铁路网，但系统极为陈旧，线路上的火车时速只有 60 公里。200 多台正在服役的机车和配套车厢也大多服役超过 20 年，亟需更新。因此，泰国政府希望对泰国现有铁路系统进行升级，包括将修建 10 条高铁和轻轨线路，同时开始建设标准轨铁路，以用于与其他东盟国家接轨。

空运方面，计划提高素万那普机场的运行能力以应对不断增加的客流。目前，素万那普机场接纳的人数已经由此前的每年 4 500 万人次，增加为 6 000 万人次，因此有必要开启素万那普机场第二期建设计划。海运方面，计划发展位于罗勇府的兰差班港口，增加港口的吞吐能力，同时建设新的港口以满足海运的需求。

英拉政府 2.2 兆铢贷款提案在国会遭到激烈的反对，反对党认为，2.2 兆铢贷款将使财政赤字增加，加重公共债务。2.2 兆铢贷款年利息为 8%，借贷 50 年后连同利息为 5.8 兆铢，泰国社会普遍认为这笔贷款将会给社会公共债务造成巨大的负担。

同时，基础建设项目中部分项目缺乏论证和没有进行听证会。反对者认为，泰国不具备建设高铁的硬件条件，泰国私家车拥有比例较大、曼谷以外地区没有相连接的公共交通、外府地区对高铁的需要程度较低以及部分目的地距离不合适都是现实存在的问题。根据最佳的设计方案，高铁站相距 500 ~ 600 公里比较合适，但计划建设高铁的芭提雅距曼谷仅 140 公里、华欣距曼谷仅 220 公里，曼谷到呵叻府也仅有 300 公里。

2013 年 9 月 20 日，国会下议院正式通过 2.2 兆铢基础建设项目，但英拉政府用于项目投资的 2.2 兆铢的政府贷款并没有作为议案在下议院进行审议。根据《泰王国 2007 年宪法》规定，国家预算必须交由国会下议院进行审议，同时规定国家的债务不能超过国内生产总值的 60%。而借贷 2.2 兆铢必然会导致政府债务超出国内生产总值 60% 的上限，因此英拉政府希望 2.2 兆铢贷款采取体制外贷款的方式，不计入国家预算并由内阁负责管理支出。

2014 年泰国发生军事政变后，国家维持和平秩序委员会对 2.2 兆铢基础建设项目暂停审查。泰国政府一再重申加强基础建设的重要性，尤其是发展铁路运输。巴育政府组建不久即推出了一系列发展基础建设的项目，由空军上将原空军最高司令担任交通部部长，加大力度推进基础建设项目的实施。2014 年 10 月 16 日，中国国务院总理在会见泰国巴育总理时，巴育总理表示希望和中国继续推进农产品、高铁等合作项目，扩大经贸、基础设施建设、互联互通等领域合作，使泰中关系继续向前发展。

塔云调动案

塔云调动案是指泰国时任总理英拉违规调动时任国家安全委员会秘书长塔云·边席，导致塔云·边席向泰国行政法院诉讼英拉总理的案件。从 2011 年就开始出现的塔云调动案，伴随英拉政府执政的整个周期，起初该案件并没有引起各方的重视，而

塔云·边席

最后塔云调动案却成为压垮英拉政府的最后一根稻草。塔云调动案最终导致看守政府总理英拉和 9 名看守内阁成员被解职,使得已经解散国会成为看守内阁的英拉执政团队进一步丧失执政能力。

塔云调动案分为两个部分:第一部分是塔云在被调任后,认为自己遭遇不公正待遇,于是向泰国行政法院提出上诉;第二部分是上议员派汶·尼抵达万针对塔云调动案向泰国宪法法院提出诉讼,要求宪法法院调查英拉政府是否在调动中违反宪法。

国家安全委员会是泰国的独立机构,其主要职能是保卫国家安全,包括作为政府的顾问,为政府提供有关国家安全的政策和情报分析;同时,协助内阁制订国家安全计划,避免和解决未来可能对国家利益造成危险的问题。国家安全委员会下设秘书处,即国家安全委员会办公室,该办公室属于厅级机构,隶属于国务院事务部。2009 年起,塔云开始担任国家安全委员会秘书长。

2011 年 9 月 30 日星期日,刚刚担任泰国总理的英拉签署调令,解除国家安全委员会秘书长塔云的职务,将其调任国务院事务部顾问,调原国家警察总署署长威干·颇泼西接任国家安全委员会秘书长。与此同时,英拉还调泰国警察总署副署长瓢攀·达玛彭,接替威干的工作,成为泰国警察总署署长。因为瓢攀是前总理他信前妻的哥哥,所以对他的任命引发塔云和反对派的强烈不满。

塔云以调动有违公正,同时不符合公务员行政管理条例为由,向泰国中央行政法院提出诉讼。中央行政法院于 2013 年 5 月 31 日宣判,法院认为调令不符合公正的原则,而且时间过快没有经过充分的考虑,因此判决英拉内阁颁布的调令违法,必须将塔云恢复原有职位。但英拉表示不服中央行政法院判决,向最高行政法院上诉。

2014 年 3 月 7 日,最高行政法院二审判决英拉内阁调令滥用职权,要求英拉在 45 天内恢复塔云国家安全委员会秘书长的职务。最高行政法院认为，尽管英拉有权行使总理的权力，对高级公务员进行调动，但在调动过程中应该符合规定合乎法律。英拉总理在调动塔云理由的辩护中称，塔云办事效率低、不执行政府相关政策，但这些指控经过调查并不存在。

塔云在最高行政法院判决后表示，他等待这个结果已经2年6个月，自己并不是希望通过诉讼能够恢复原职，而是诉求司法公正，不能够容忍公务员体制被政治势力随意干预。塔云表示，他将尊重法庭的判决重返国家安全委员会复职，并决定放弃通过民事法庭和国家肃贪委员会继续追究英拉的责任。

英拉看守内阁于2014年3月25日通过恢复塔云国家安全委员会秘书长职务的决议，并呈请泰国国王批准塔云复职。塔云则于2014年4月28日到国家安全委员会复职。随着塔云的复职，塔云调动案到此告一段落。

修改宪法第190条

英拉政府在经济政策稳步推进的同时，开始寻求政治上的优势。英拉政府时期使用的是颂提2006年军事政变后起草的《泰王国2007年宪法》，虽然这部宪法通过了全民公投，但其中相当一部分内容并不被泰国社会所认可。为泰党因此希望起草新宪法，但最终因为来自社会的压力和重新起草难度过大等原因，为泰党放弃重新起草宪法转而推动宪法修正案，对《泰王国2007年宪法》部分条款进行修改。而整个宪法修正案就是围绕着修改宪法第190条议案和修改上议院产生办法议案展开的。

《泰王国2007年宪法》中政府的权力受到很大约束，阿披实政府时期就已经开始着手修改宪法第190条。2011年1月25日，泰国国会上、下议院通过修改《泰王国2007年宪法》第190条的议案。2011年2月

11 日，泰国国会下议院再次就修改宪法第 190 条议案进行三读审议，最后国会以 397 票赞成、19 票反对通过该议案。但最终阿披实宣布解散下议院重新大选，修改宪法第 190 条的议案因此搁浅。

泰国宪法法院宣判修改宪法案

为泰党赢得大选后，为获得政治上的优势、增加英拉政府的行政权力，开始在国会下议院中推动宪法修正案。宪法修正案围绕着增加政府行政权力的宪法第 190 条，以及改变国会上议院人员结构的上议员产生规定展开。

《泰王国 2007 年宪法》第 190 条规定：政府在与其他国家签署涉及对泰王国领土、泰王国领土外拥有主权的区域、根据《国际法》拥有管辖权的区域、根据协议泰国依法管辖区域；或可能对国家经济和社会安全造成重大影响、对经济贸易投资关系造成影响、对国家预算造成影响的协议前，政府必须得到国会的批准。国会则必须在 60 天内对政府提交的议案审议完毕。

内阁在与其他国家、组织签订协议前，必须举行听证会听取民众的意见，同时向国会说明协议内容。与此同时，内阁应该向国会提交谈判的框架以便获得国会通过。

为泰党提出的修改方案是将与其他国家签署协议的权力全部赋予内阁，内阁在签订协议前不需要再征得国会批准和举行听证会。为泰党的修订方案，使得政府行政权被放大，同时避免国会对政府的监督审查，也阻碍了民众参与政府决策。

2013 年 4 月 4 日，修改宪法第 190 条议案作为为泰党宪法修正案的一部分被提交国会下议院审议。8 月 17 日，下议院审议修改宪法第 190 条议案，并对宪法第 190 条中的内容进行逐条表决，表决结果是支持修宪的为泰党获得压倒性的优势，最终国会下议院通过该议案二读。

2013 年 11 月 4 日，下议院再次对修改宪法第 190 条议案进行审议，最终以 381 票赞同、165 票反对、9 票弃权，通过该议案三读。修改宪法第 190 条议案三读通过后，国会呈递给泰国国王普密蓬·阿杜德。反对者则于 11 月 14 日在曼谷市举行游行示威活动，要求英拉政府撤回该议案并解散下议院重新大选。

11 月 13—14 日，泰国学生民众改革联盟开始在曼谷多处举行游行示威活动，反对英拉政府修改宪法第 190 条。与此同时，民主党前下议员乌伊拉·甘亚西里向宪法法院提起诉讼，要求宪法法院判决前国会下议院主席颂萨·革素拉暖、上议院主席尼空·瓦拉帕尼及 381 名在修改宪法第 190 条议案中投赞成票的民代违反宪法。

2014 年 1 月 8 日，泰国宪法法院对修改宪法第 190 条议案做出最终裁定，宪法法院判定修改宪法第 190 条违反《泰王国 2007 年宪法》第 3 条第二款、第 125 条第一款，修改增添的内容违反宪法第 3、4、5、87 和 122 条关于政府官员以权谋私的部分，同时违反宪法第 68 条第一款。因此，宪法法院判决修改宪法第 190 条违反宪法。

宪法法院判决违宪后，民主党要求英拉政府退回已经呈递给泰国国王的修改宪法第 190 条议案，同时表示要追究赞成修宪的 381 名下议员

的责任。红衫军领袖媞妲则表示，宪法法院的判决本身就是违反宪法，同时举行游行示威活动反对宪法法院的判决。

修改宪法有关上议员产生的规定

为泰党推动的宪法修正案中另一个重要的组成部分，就是修改上议员产生办法议案。《泰王国2007年宪法》中，有关上议员产生办法的内容存在于多个条款之中，此修改上议员产生办法必须在国会中同时审议多个条款，因此修改上议员产生办法的议案也比修改宪法单一条款更为复杂。

2013年3月18日，为泰党下议员乌东德·拉达纳萨恬向国会下议院提交宪法修正案，提交的宪法修正案包括修改宪法第68条、第237条有关解散政党和解除议员职务的条款，以及宪法第190条有关政府与其他国家签订协议的条款。同时被提交的还有修改上议员产生办法议案，该议案包括修改宪法第111条、112条、115条、116条第二款、117条、118条、120条和241条第一款，同时取消第113条和第144条。为泰党对上议员产生办法的修改包括200名上议员全部来自选举、规定采取分区选举的方式和允许上议员进行拉票，同时规定上议员任期6年且可以连任，下议员父母、子女可以参选上议员。

反对党认为，上议员产生方式全部来自民选将会导致上下两院的议员代表性趋同，上议员可以连选连任；不禁止下议员家属参选等规定，则会加强掌握有票源的政治力量在上下两院中的势力，让泰国出现“兄妹国会”或“夫妻国会”。上议院的职能包括监督政府、审查下议院提交的议案、调查独立机构，上议员全部通过选举产生，还将导致上议员对政党政治依附性的加强，削弱上议院的职能。

2013年9月11日，在为泰党的强力推动下，修改上议员产生办法议案通过下议院二读。9月18日为泰党民代再次要求国会下议院审议上议员产生办法议案，并表示修改宪法是宪法第291条赋予国会的立法权，因此宪法法院无权干涉。2013年9月28日，国会下议院审议修改上议员产生办法议案三读，最后下议院以358票赞成、2票反对、30票弃权的结果通过该议案。民主党议员则要求宪法法院审议修改上议员产生办法是否违反宪法。10月1日，英拉总理向泰国国王呈递宪法修正案，国王将在90天内决定是否签署法案。

按照泰国法律，法案经国会上下两院审议通过后，应由总理呈交国王，国王签署后即生效。11月19日，支持修宪草案的312名国会上下两院议员发表联合声明，抗议宪法法院受理此案，表示修改宪法是国会的职能，宪法法院审理宪法修正案是司法机构对立法机构的干涉，因此拒绝宪法法院的任何裁决。这是泰国司法权和立法权之间的一次碰撞。

宪法法院于11月20日就修改上议员产生办法议案宣判，宪法法院9名法官以6票支持、3票反对的结果判决修改上议员产生办法议案违反宪法。宪法法院判定，为泰党及其执政盟友提出的修宪议案，涉及触犯泰国君主立宪政治体制，因此违反宪法第68条款的内容。同时，宪法法院认为，《泰王国2007年宪法》中规定一部分上议院议员由选举产生，另一部分由推举产生，修改上议员的产生办法将破坏国会两院相互制衡的功能。

第二部分集中在该修宪法案是否属于使用宪法规定以外的方式谋求权力，宪庭法官以5票支持、4票反对表决判定构成违反宪法第68条款。判决认为，修订后的宪法版本破坏了国会立法权力独立制衡架构，导致国会中的多数派可以为所欲为，破坏监督机制，从而破坏民主制度。

2. 2013 年政治集会之后

特赦议案——政治集会的导火索

2013 年政治集会是指 2013 年 11 月到 2014 年 5 月期间的反政府游行示威集会活动。引发政治集会的原因是英拉政府在国会中推动特赦法议案，该议案旨在特赦 2011 年 8 月 8 日至 2004 年之间所有涉及政治运动的罪犯。其中英拉总理的哥哥他信也包括在特赦范围内。

2013 年政治集会根据示威集会者的不同诉求分为三个阶段。第一阶段为 2013 年 11 月初至 2013 年 11 月 10 日，这一阶段示威集会者的主要诉求是反对特赦法，集会没有明确的领导者。第二阶段为 11 月 11 日至 12 月 8 日，这一阶段民主党 8 位下议员辞职，领导示威集会，并成立人民民主改革委员会，集会者的主要诉求开始变为反对“他信体制”和要求英拉政府辞职。第三阶段为 2013 年 12 月 9 日到 2014 年 5 月 22 日，这一阶段英拉于 12 月 9 日宣布解散国会下议院重新举行大选，集会者的主要诉求为要求英拉看守政府辞职和反对 2014 年 2 月 2 日大选。

2013 年 3 月 7 日，为泰党下议员瓦拉差·亥玛向下议院提交特赦

2013 年 11 月至 2014 年 4 月民主纪念碑政治集会（1）

2013 年 11 月至 2014 年 4 月民主纪念碑政治集会（2）

2013 年 11 月至 2014 年 5 月民主纪念碑民众政治集会游行

2013 年 11 月至 2014 年 5 月曼谷主要道路民众政治集会游行

法议案，特赦法的全称为《为因政治集会、表达政治观点而违反法律的民众特赦法（草案）》。因为内容涉及赦免前总理他信，因此遭到反对党的抵制并表示下议院不应该接受该议案。

2013 年 8 月 7 日，瓦拉差第一次在下议院对特赦法议案进行阐述，遭到民主党的激烈反对。8 月 8 日，民主党再次与为泰党在国会中针对特赦法草案展开辩论，最终下议院以投票的方式进行决议。投票结果为 300 票赞成、124 票反对、14 票弃权，另有 2 票未投。这也标志着特赦法草案在泰国国会下议院一读正式通过。当天数千名反对该议案的民众在国会附近举行大规模抗议集会，其中数十名抗议者试图冲入国会大厦，并与警察发生冲突。

2013 年 10 月 31 日至 11 月 1 日凌晨，国会下议院开始审议特赦法草案。国会下议院主席、为泰党宋萨・吉素拉农主持下议院会议。这场针对特赦法草案二读和三读的审议共持续 19 个小时，下议院在三读无法做出调和的情况下使用投票表决的方法决议。最终以 310 票赞成、0 票反对和 4 票弃权的结果通过特赦法草案三读。根据泰国宪法规定，这份饱受争议的特赦法草案将呈递给国会上议院继续审议。

根据后来泰国媒体公布的《310 名在特赦法三读投赞成票的民代名单》资料显示，民主党 159 名下议员在最后的投票中均没有进行投票。

特赦法虽然在国会下议院通过，标志着作为反对派的民主党在泰国立法机构内已经无法阻止特赦法议案的通过，但这同时意味着作为执政党的为泰党与反对党民主党之间的矛盾已经难以调和。

民主党和反对者认为，特赦法内容中规定从 2004 年一直（至）2010 年与政治运动有关的案件都被判无罪，本身就违背法律。如果特赦法得以实施，则意味着有关政治运动的犯罪行为被合法化，包括集会中放火焚烧大楼和公共汽车、开枪杀人等刑事案件。而他信的贪污腐败案将被撤销，他信本人不仅不会有任何案底，同时，被政府没收的 600 多亿泰铢也会被归还。特赦法无疑将会助长集会活动中的违法犯罪、政党和政治家的贪污腐败和以权谋私行为。同时，特赦法的审议过程也存在不合规定的行为，特赦法二读、三读持续 19 个小时，一直到凌晨 3 点，同时不允许下议院进行辩论，投票环节中有下议员代替没到会的议员插卡投票，这些都是明显违反法律规定的行为。

特赦法在下议院的通过成为政治集会的直接导火索。11 月 4 日，泰国首都曼谷和其他府市多处爆发反特赦法示威集会，与此同时，多所大学和组织发表联合声明谴责特赦法。此后，素贴等民主党下议员开始参加示威集会，并组织示威民众集中在民主纪念碑和叻差单能路口两处集会点。11 月 11 日，素贴等 8 名民主党下议员宣布退出民主党，加入街头游行示威。素贴号召民众在 13 日到 15 日期间罢工 3 天，参加反特赦法的游行示威活动。

2013 年 11 月 11 日，泰国国会上议院经过 12 小时的辩论，最终以参加投票表决的 140 名上议员全部投反对票的方式，否决下议院提交的特赦法议案。根据泰国宪法规定，上议院否决的法案将被冻结审理 180 天，然后退回下议院再次审议。

11 月 15 日，人民民主改革委员会秘书长素贴宣布，接下来的示威集会旨在推翻“他信制度”。随后人民民主改革委员会组织了 11 月 24

日于民主纪念碑的大规模集会。此后一段时间,在素贴的号召下,示威者开始包围政府大楼,并在占领政府大楼的过程中与警方发生冲突,同时示威活动开始迅速向全国范围扩散,特别是民主党控制的泰国南部城市。

人民民主改革委员会与警察冲突

12 月 1 日晚,英拉与素贴在三军总司令及军方高层的陪同下进行谈判,但双方没有达成一致意见。12 月 8 日,素贴号召参与示威的近 16 万示威者于 19 日进入总理府。同时,隶属于民主党的 153 名下议员集体向下议院辞职,导致下议院因议员人数不足,无法再次召开会议而陷入瘫痪。

附：英拉政府简介

2011年7月3日，大选正式结果公布后，为泰党最终赢得下议院500个席位中的265个，成为泰国国会最大党。

2011年8月5日，国会以296票赞成选举英拉为泰国总理。

2011年8月9日，泰国国王普密蓬·阿杜德正式任命英拉为泰国总理。

2013年11月开始，爆发反对为泰党特赦法要求英拉政府下台的反政府集会游行，此次集会一直持续到2014年5月。

2011年年末至2012年年初，泰国爆发历史上最严重的洪涝灾害，英拉政府组织民众应对洪灾。

2013年11月到2014年5月期间的反政府游行示威集会活动。

2013年12月9日，英拉宣布解散下议院并重新举行大选，英拉内阁根据宪法规定转为看守内阁。

2014年1月8日，泰国宪法法院核定英拉政府推动的宪法第190条修正案违反宪法。

2013年2月2日，泰国举行大选，但最终选举结果被判无效。

2014年5月7日，泰国宪法法院针对塔云调动案宣判，判决英拉总理及另外9名内阁成员解职。

2014年5月22日，泰国陆军总司令巴育·占奥差发动军事政变，英拉政府下台。

英拉政府解散国会

2014年12月9日，英拉宣布解散国会下议院，于2月2日重新进行大选。根据《泰王国2007年宪法》规定，英拉内阁在下一次大选之前自动成为看守内阁，负责领导政府进行正常工作。

英拉在全国插播的电视讲话中，宣布解散国会下议院，并表示将尽快确定重新大选的日期，在此期间，总理和内阁将继续履行职责。英拉在讲话中说，解散国会是民主体制下的正常程序。现任政府自上任以来，竭尽全力解决各种危机，但社会分歧和矛盾依然存在，不同的政治力量各执己见，且每一派都有人数众多的支持者，因此政府决定解散国会，将权力交给人民，在民主体制下举行大选，由人民决定国家的出路。英拉表示已经向王室提交解散国会下议院的申请，正在等待国王批准。

英拉宣布解散国会下议院

12 月 17 日，素贴再次号召示威集会者，要求英拉看守内阁辞职，并表示应该先改革再选举和建立人民议会。英拉则表示，看守政府是宪法赋予的责任，《泰王国 2007 年宪法》中没有看守内阁可以辞职的相关规定，因此看守内阁不会辞职。

2013 年 12 月 21 日，泰国最大的反对党——民主党正式宣布不会参加 2014 年 2 月 2 日的大选。26 日示威集会者为阻止政党报名参加大选，在被作为大选报名点的泰国—日本友好体育馆外与警方发生冲突，受伤者超过 200 人。此后，人民民主改革委员会又号召示威集会者封锁曼谷，以阻止政党报名参加大选。

2014 年 2 月 2 日大选

根据法律规定，泰国大选预选被定于 2014 年 1 月 26 日。反对派人民民主改革委员会为阻止大选，让示威民众封锁预选投票点，示威游行的民众随即与前来投票的民众发生冲突，而人民民主改革委员会领袖之一的

2014 年 2 月 2 日大选

素听·他拉听在封锁投票点返回途中被枪手杀害。泰国大选预选由于受到反政府游行示威者的干扰,相当一部分选民没有办法正常投票。

根据泰国中央选举委员会通报的预选情况,1 月 26 日泰国大选预选全国 375 个选区中,共有 89 个选区无法正常举行选举,包括曼谷 33 个选区,外府 56 个选区。外府无法正常举行选举,其中南部有 12 个府、中部有 2 个府、北部有 1 个府。

2014 年 2 月 2 日大选当天,曼谷的反政府游行示威者并没有像 1 月 26 日预选那样包围投票点和举行大规模的示威游行活动。选举当天泰国中央选举委员会对 2 月 2 日大选的情况进行总结,全国 93 952 个投票点,共有 83 813 个可以使用,投票点开放率达 89.2%,而不能正常投票的选举点达 10 139 个。泰国 77 个府中,共有 18 个府不能正常投票,其中 9 个府无法进行投票,另外 9 个府部分选区无法进行投票。受到影响的选区数量达 69 个,其中 37 个无法进行投票,32 个部分无法进行投票。但因为受到影响的选区数量过多,泰国中央选举委员会最终无法公布选举结果。

泰国中央选举委员会秘书长普冲·努拉翁 2 月 6 日公布泰国 2014 年 2 月 2 日大选情况:

泰国 2014 年 2 月 2 日大选情况总结表

选民人数	弃权选票	作废选票	投票选民	未投票选民	选民投票最多的府	选民投票最少的府
43 024 042 人(100.00%)	3 426 080 张(7.9%)	2 458 461 张(5.7%)	20 530 359 人(47.72%)	22 494 427 人(52.28%)	清迈府 827 808 人(75.05%)	洛坤府 1 302 人(0.11%)

注:9 个不能正常投票的府包括甲米府、春蓬府、也拉府、北大年府、普吉府、罗勇府、宋卡府和素叻他尼府。

选举前,泰国参选政党数量大幅减少,同时选前拉票活动也全面缩水。2011 年大选时,泰国参选政党达 40 个,而 2014 年大选时参选政党

仅30个。

泰国2014年2月2日大选是根据《泰王国2007年宪法》而举行的选举,大选采取分区选举和选举清单民代的方法选举下议院500名民代。分区选举是将泰国全国分为375个选区,每个选区票数最多的候选人成为该区的民代。选举清单民代则是将125个民代名额根据政党在获选票数占总票数的百分比进行分配。

而因为选举点没有全面开放,因此泰国2014年2月2日选举仍无法公布计票结果,这一方面导致分区选举的票数无法统计,另一方面也使得各党派选举获得清单民代的名额不确定。而1月26日预选受到较大范围干扰,使得相当一部分投票点关闭,也使得大选计票更为困难。

根据《泰王国2007年宪法》规定,选举后必须在30天内由不少于95%或475名民代参与的情况下开始国会下议院第一次会议并选举总理。而由于2月2日选举结果无法公布,部分选举点的补选须等到4月27日之后,因此在2月2日大选后的30天内泰国仍无法重启下议院。

2014年3月21日,泰国宪法法院9名法官以6∶3的投票结果,判定2014年2月2日大选结果无效。宪法法院判决表示,根据《泰王国2007年宪法》第245(1)条内容,2月2日大选投票无法在全国范围内同时举行,因此不符合宪法规定,必须重新选举。

英拉就塔云调动案被判解职

泰国最高行政法院判决塔云复职后,政府反对派并没有就此停息。2014年3月10日,以派汶·尼抵达万为首的28名泰国上议员,联名要求泰国宪法法院就英拉是否在调动塔云职位的过程中,存在违反宪法的行为进行裁决。派汶认为,英拉调动塔云违反《泰王国2007年宪法》第182条第7款和第268条。

泰国宪法法院判决塔云调动案

宪法法院于4月2日受理28名上议员提交的诉状，并开始调查塔云调动案，但这一次审理的重心从给塔云复职变为英拉政府是否存在违宪行为。

英拉和塔云于4月6日参加宪法法院庭审，并向宪法法院进行陈述。看守总理英拉在法庭上共做出8点陈述：（1）总理和内阁在解散国会后职务已经解除。（2）总理是依法调动塔云职务。（3）签署调令调动塔云完全依据法律规定，包括法律规定的形式和方式，因此不存在违反宪法第266条和第268条的情况。（4）调动塔云是内阁会议做出的决议，并没有专门针对任何一方。（5）国家安全委员会秘书长是一个重要的职位，阿披实政府时期也曾经针对该职位进行调动，而且塔云在工作中已经表现出不适合其担任的职位。（6）调动塔云并不是为了给瓢攀腾出国家警察总署署长的职位，瓢攀与为泰党没有任何关联。虽然瓢攀是他信前妻朴乍曼的哥哥，但他信与朴乍曼已经离婚多年。因此调动瓢攀是合情合法的行为。（7）自己并没有答应威干让他担任交通部

次长，而且总理也没有这样的权力。（8）虽然总理和内阁的职务已经解除，但在新一届政府选举产生前根据宪法第181条自动成为看守内阁。

2014年5月7日，泰国宪法法院对塔云案是否违反宪法进行宣判。宪法法院判定，时任泰国总理的英拉与塔云的调动有一定程度的关联，国务院事务部部长吉萨纳·西拉孙佳楠将塔云的调令交予英拉总理签署不符合规定。同时，整个调动过程仅仅用了4天时间，而调令是在星期天发出的，这与政府和公务员的工作流程、方式不符。整个调动过程仓促而且存在诸多不正常的地方，且并没有需要紧急调动的理由。

由此宪法法院判定，调动国家安全委员会秘书长塔云的命令使该职位空缺，从而调任原国家警察总署署长威干·颇泼西接任国家安全委员会秘书长，最终再由时任国家警察总署副署长的瓢攀担任国家警察总署署长。而瓢攀是他信前妻的哥哥，与英拉存在一定的亲戚关系。由此可以认定，英拉在调动塔云过程中存在以权谋私、越权行政的行为。英拉在调动瓢攀担任国家警察总署署长的过程中存在越权调动公务员的行为，违反宪法条款和宪法精神。

宪法法院9位法官最终以9：0的投票结果，判决英拉利用总理职务之便以权谋私，越权插手高级公务员调动，为自己、他人和政党谋取私利。因此根据《泰王国2007年宪法》第266条第2款、第3款，以及第268条判决，与塔云调动案有关的英拉和9名内阁成员全部解职。

英拉被解除总理职务，也就意味着英拉根据宪法第181条担任的看守总理同时被解除，看守内阁包括副总理、外交部长、财政部长等9名成员也因为同一原因而被解职。

英拉及9名看守内阁成员被解职后，看守内阁推选尼瓦探隆·汶颂派讪为新一任看守政府总理。但由于下议院已经解散，看守内阁成员无法新增，因此看守内阁实际上已经丧失对政府的控制能力。

2014 年 5 月 22 日政变

泰国陆军总司令巴育·占奥差

宪法法院判决英拉及 9 名内阁成员解职后，人民民主改革委员会继续在曼谷示威集会，并要求剩余的看守内阁成员辞职。而此时泰国东北部和北部的红衫军宣布将进入曼谷游行示威。据统计，从 2013 年 11 月起至 2014 年 5 月，泰国连续 6 个月的政治危机，已经导致 28 人死亡、700 人受伤。

为避免游行示威者爆发冲突，2014 年 4 月 20 日3:00，泰国陆军总司令巴育·占奥差宣布根据泰国《1914 年戒严法》在全国实施戒严。同时，巴育命令取消看守政府和警方成立的“维护和平稳定中心”，成立隶属于自己指挥的维持和平指挥部，维持和平指挥部的目标为“更有效地维持国家和平稳定，让国家尽快进入稳定状态”。巴育同时规定警察、海军、空军和国防部均归维持和平指挥部管辖。

2014 年 5 月 20 日军方宣布实施戒严令(1)

2014 年 5 月 20 日军方宣布实施戒严令(2)

军方在宣布实施戒严令后，迅速封锁和把守曼谷的交通要道，收回被人民民主改革委员会示威者占领的泰国政府大楼。随后，军方控制了位于曼谷的泰国国家电视台及一些地方电视台，要求电视台停止正常播放的节目，改为播放维持和平指挥部规定的新闻。同时，成立互联网审查办公室，要求互联网服务供应商协助清查和管制互联网的内容。看守政府随即回应军方的行为，表示军方宣布实施戒严法并没有与政府进行沟通，而军方则一再强调，宣布实施戒严法不是政变。

5 月 21 日，维持和平指挥部邀请政府、国家机构、反对派、民间团体等 7 方共同参加于陆军俱乐部举行的政治和解协商会议，希望促成政治上的和解与共识。参与政治和解协商会议的包括政府、上议院、中央选举委员会、为泰党、民主党、人民民主改革委员会、红衫军，各方在看守政府是否应该辞职的问题上互不让步，因此巴育让各方第二天再次举行会议。

5 月 22 日，巴育让各方提出国家的出路，各方发言后最终没有达成统一的意见。巴育最后问泰国政府代表司法部长猜卡盛，看守政府是否

2014 年 5 月 22 日泰国海陆空军及警察负责人通过电视全国转播宣布发动政变

会辞职，猜卡盛表示看守政府目前不会辞职，要根据法律规定完成自己的工作。随即，巴育在和解协商会议上宣布政变，并命令控制参与会议的各方代表和下令抓捕各方的主要领导人，所有人员被暂时关押在皇家禁卫军第一步兵团。

2014 年 5 月 22 日 5:30，陆军总司令巴育、海陆空三军总司令和泰国警察总署署长通过电视全国转播，宣布成立国家维持和平秩序委员会并发动政变接管政府权力。同时，宣布维持和平指挥部解散、废除有关泰国王室 2 个部分以外的《泰王国 2007 年宪法》、看守内阁全部解职、上议院维持继续工作、法院仍有案件的审理权、根据宪法设立的独立机构维持正常运作。宣布任命巴育为国家维持和平秩序委员会主席，并宣布将泰国总理的权力赋予国家维持和平秩序委员会主席。

与此同时，国家维持和平秩序委员会宣布宵禁，禁止在 22:00—05:00外出，禁止 5 人以上的政治集会。同时规定广播电视台只能播出国家维持和平秩序委员会规定的新闻，其他新闻媒体禁止报道与军方政变有关的新闻。

国家维持和平秩序委员会接管媒体，停止正常电视节目

巴育通过国家维持和平秩序委员会获得控制国家的权力后,5 月 23 日下令要求重要的政府部门负责人、国企领导、政府各部次长、府尹立即到规定的地点报到。随后扩大报到的名单,对于不按时报到的人进行抓捕。

国际社会对军人发动军事政变,随后成立国家维持和平秩序委员会控制国家政权持谨慎态度。5 月 23 日根据泰国外交部公布的数据,有包括美国、中国的 29 个国家针对泰国发动军事政变向计划前往泰国的本国公民发布旅行警告。

2014 年政变军人走上街头(1)

2014 年政变军人走上街头(2)

3. 巴育政府

2014 年 5 月 22 日军事政变后,国家维持和平秩序委员会接管国家控制权,该委员会由陆军总司令巴育任主席,泰国三军总司令、海军总司令、空军总司令和警察总署署长任副主席。国家维持和平秩序委员会随后宣布巴育拥有宪法赋予总理的一切权力。

国家维持和平秩序委员会下属 6 个部分,分别为国防、经济、社会、司法、特别行动和直属巴育领导的部门。巴育通过国家维持和平秩序委员会发布戒严令和领导泰国公务员系统维持正常工作,包括调整泰国警察总署、地方政府人事任命,以及推进稻米典押政策政府拖欠款发放和补贴南部橡胶农等民生政策。

虽然军方采取了非常严厉的措施打击和防止抗议军方接管政权的集会民众，但集会活动仍在零星的小范围举行，包括小型的抗议活动和放置反政变条幅等。国家维持和平秩序委员会政变后发布近百人的名单，要求名单所列的政治家和公务员向军方报到，而前英拉政府教育部部长乍都隆·彩盛、红衫军领袖等多人因拒绝报到而遭到拘捕。随后一段时间，国家维持和平秩序委员会陆续在全国范围内举行“将幸福还给民众”的文艺表演活动，并陆续取消宵禁。

军方举办“将幸福还给民众”活动(1)

军方举办“将幸福还给民众”活动(2)

国家维持和平秩序委员会接管政权后，据泰国国家经济和社会发展委员会公布的2014年第2季度国内生产总值(GDP)相关数据显示，相对于2013年年末到2014年年初游行示威时期的颓势，经济趋于好转。第2季度国内生产总值恢复季环比0.9%的正增长，年比则从2014年第1季度的萎缩0.5%转为增长0.4%。泰国的经济研究机构也认为，国内经济陆续恢复，将有助于拉动下半年经济恢复增长。

巴育以国家维持和平秩序委员会主席的名义，下令推动泰国国有企业改革。这项改革主要是围绕着人事调动和缩减国有企业领导层特权展开的，意图通过改革提高国有企业工作效率，同时加强政府对国有企业的控制能力。国家维持和平秩序委员会设立国有企业政策管理委员

会，直接管辖国有企业运作，包括督促国有企业落实改革政策、提高国有企业工作效率和增加透明度等。

目前，泰国拥有56家大型国有企业，其中一部分是上市公司。以泰国航空为代表的泰国国有企业，普遍存在经营不善、财政亏损、管理层特权和高薪高福利问题。泰国航空业连年亏损，而管理层的年终奖金仍是数个月的工资。巴育对于国有企业的改革赢得社会的认可，同时也加强了国家维持和平秩序委员会对国有企业的控制权。

2014年5月30日，巴育公布泰国政治改革路线图，路线图分为三个阶段。第一阶段用时2~3个月，建立中央和地方的维持安全中心。第二阶段约用时1年，将建立改革委员会、出台临时宪法、建立立法议会和推选总理。第三阶段将会根据民主制度举行选举。

2014年7月22日，泰国国王普密蓬·阿杜德签署《泰王国2014年临时宪法》，临时宪法共48条，涉及的内容包括：立法议会、总理的任命和职权、国家改革议会、宪法起草委员会和国家维持和平秩序委员会。同时这份临时宪法中还包括特赦2014年5月22日政变相关人员的内容。

《泰王国2014年临时宪法》(1)

《泰王国2014年临时宪法》(2)

《泰王国2014年临时宪法》与2006年颂提发动军事政变后起草的《泰王国2006年临时宪法》相比有诸多不同，其中区别最大的是《泰王国2014年临时宪法》成立国家改革议会和赋予政变军人集团——国家维持和平秩序委员会实权。

2006年和2014年临时宪法异同表

	2006年	2014年
宪法条例	第39条	第48条
国家立法议会成员数量	不超过250人	不超过220人
国家立法议会成员要求	不限制是否为政治党派人物	在担任国家立法议会成员前3年不曾担任任何党派的职务
内阁	总理1人+内阁，不超过35人	总理1人+内阁，不超过35人
总理的要求	不是国家立法议会成员	不得在接受职位前3年内担任任何党派职位的经历；不是国家立法议会、国家改革议会、地区议会成员，以及地区政治管理者
维稳委员会对内阁的角色	国家安全委员会没有实权	国家维持和平秩序委员会有实权
国家改革议会/立法议会	立法议会有100人	国家改革议会成员不超过250人
国家改革议会/立法议会的职责	立法议会的职责只是起草宪法	国家改革议会提交改革国家各个方面的建议
宪法起草委员会	35人	36人
制定宪法的程序	180天内起草(民众决议)	120天内起草(民众决议)
对政变政治犯的赦免	由国家安全委员会决议	由国家维持和平秩序委员会决议

《泰王国2014年临时宪法》中设立三个重要机构——国家立法议会、国家改革议会、国家宪法起草委员会。立法议会将负责提名总理和审议法案，国家改革议会负责改革泰国现有法律、制度和提交法案，国家宪法起草委员会则负责新宪法的起草工作。国家维持和平秩序委员会随后宣布，泰国改革的重心将放在政治、行政、法律及司法、地方治理、教育、经济、能源、环境与卫生、传媒、社会等11个方面。

国家立法委员会主席蓬佩·威琦春猜，副主席素拉猜·良本叻差、诺拉尼·社他布

2014年8月8日，泰国立法议会正式开始工作，举行首次会议并投票选出蓬佩·威琦春猜为主席，原上议院议长素拉猜·良本叻差为第一副主席，诺拉尼·社他布为第二副主席。8月18日，巴育首次参加立法议会，并向立法议会提交泰国2015年政府预算议案，根据该议案泰国2015年政府预算为2.575万亿铢，比2014年政府预算增加500亿铢。立法议会以183票赞成、0票反对、3票弃权通过该议案进入议会审议。

国家改革委员会图标

国家改革委员会主席恬才·吉拉南

2014 年 8 月 21 日，国家立法议会召开会议，采取提名后全体投票的方式选举过渡政府总理。根据《泰王国 2014 年临时宪法》规定，被提名的候选人只要获得国家立法议会半数以上议员支持就可以当选。巴育为当天唯一的候选人，到会的 194 名议员中除议会主席、两名副主席弃权外全部表示赞同，最终巴育以 191 票支持、0 票反对、3 票弃权，当选泰国第 29 任总理。2014 年 8 月 25 日，泰国国王普密蓬·阿杜德签署任命，巴育正式成为泰国总理。8 月 30 日，泰国国王签署任命巴育内阁，新内阁成员中将近一半为军人。

成立后的巴育政府下令暂停英拉政府时期的各类项目，并对包括 3 500亿铢综合治水项目、大米典押政策、2.2 兆铢基建项目、高铁项目和宽轨铁路项目等重大政府项目进行审查，并开始继续推进国有企业改革、基础建设项目和民生工程。

民生工程方面，包括支付英拉政府时期拖欠农民的大米典押款、补贴南部橡胶农等。基础设施建设方面，巴育政府准备启动为期 8 年的"泰国 2015—2022 年交通基础设施建设计划"，该计划预算资金将达 3 万亿铢。

10 月 21 日，泰国国家改革议会召开第一次会议，250 名议员全部到会，会议选举恬才·吉拉南担任国家改革议会议长。2014 年 11 月4 日，

巴育担任泰国第29任总理

巴育政府组阁后合影，中间为巴育总理

巴育政府组阁后集体合影

巴育内阁成员

泰国国王普密蓬·阿杜德签署任命文件，正式任命恬才为国家改革议会议长。

巴育政府在外交上采取温和态度，国内局势逐渐稳定后，巴育积极参加国际会议和对周边邻国进行国事访问。

附：巴育政府简介

2014年5月22日，巴育发动军事政变，国家维持和平秩序委员会接管国家控制权，该委员会随后宣布巴育拥有宪法赋予总理的一切权力。

2014年5月30日，巴育公布泰国政治改革路线图。

2014年7月22日，泰国国王普密蓬·阿杜德签署《泰王国2014年临时宪法》，该宪法赦免了政变相关人员。

2014年8月8日，泰国立法议会正式开始工作，举行首次会议并投票选出蓬佩·威琦春猜为主席。

2014年8月21日，国家立法议会召开会议，采取提名后全体投票的方式选举过渡政府总理。巴育作为当天唯一的候选人，当选泰国第29任总理。

2014年8月25日，泰国国王普密蓬·阿杜德签署任命，巴育正式成为泰国总理。

2014年8月30日，泰国国王签署任命巴育内阁，新内阁成员中将近一半为军人。

下编

Xia Bian

一、行政区划

1. 行政区域的划分

目前，泰国的行政区划分为府、县（分县）、区和行政村以及直辖市和自治市镇。全国共有 77 个府（Changwat），下辖 877 个县（Amphur，包括 81 个分县 Ging Amphur），7 255 个区（Tambon），74 944 个行政村（Muban）。

府（Changwat）

泰国 77 个府按地域可划分为中部、北部、东部、东北部与南部地区。通常其府行政中心所在县县名即为该府名称。各府面积、人口多少不一，大府有的管辖 20 多个县，2 800 多个行政村。而小府，有的只管辖 3 ~ 4 个县，100 多个行政村。

府的行政长官称为府尹，由内务部派遣，主持一府行政工作。府尹以下有副府尹以及府尹助理。中央各级部门也在府的行政中心派遣垂直部门，分管教育、卫生、财政、兵务等。诸部门接受中央主管部门领导，而一府府尹则负责协调该地区各部

门之间的工作。每府还设立府议会,选民由各县选民直接选举产生,任期5年,负责制定该府科教文卫等地方性法规,以及监督本府的行政运行。各府议员人数不一,与人口密度成正比。

县(Amphur)

二级行政区划。至于首都曼谷的次级行政区与各府的次级行政区在命名上有所区别,称为[Khet],通常翻译为直辖区,曼谷共有50个直辖区。

县的最高行政长官县长同样由中央内务部直接派遣,并接受上级府尹领导,主要工作是协调县内各机构的工作。县长下设若干名县长常务助理作为助手。其他如科教文卫等事业,也由中央部门直接派遣官员驻扎区属任职。

分县(Ging Amphur)

分县是介于县与区之间的一种行政区划。在幅员较大的县内,那些位置偏僻、与县府交通不便的地区,可以以某个较大的区为中心,与周围区组成一个分县,分县在行政上仍属原来的县管辖。行政上,分县最高长官为县常务治理,受所属县县长的管辖。目前,全国分县数量为81个。

区(Tambon)

区隶属于县的农村行政规划,一般由10个左右的村组成一个区。区设区长和两名助手。区长由下级村长会议选举产生,任职没有时间限制。各个区内还成立一个区委员会,负责向区长提供咨询。委员会成员由区内助手、村长以及区内部分知识分子构成。区委员每5年选举一次。

村(Muban)

村是最基层行政单位。在泰国,行政村和自然村落概念不同,每个行政村由若干个较小的自然村组成,一个行政村有200~500人。村长由全体居民直接选举产生,没有固定的任期,只要受到村民的爱戴便可长期担任下去。

自治市

除了常规的四级行政区划外,泰国还在居民稠密区及特殊地区实行自治市制度。根据人口的多少,分为中央直辖市、大自治市(都市级Tesaban Nakhon)、中自治市(镇级Tesaban)、小自治市(区级Tesaban Tambon)和自治镇(Sookapibarn)。另外,为了更好地管理芭提雅旅游资源,泰国政府把该区海滨设立为旅游特区城市(Muang Phattaya)。

2. 各府概览

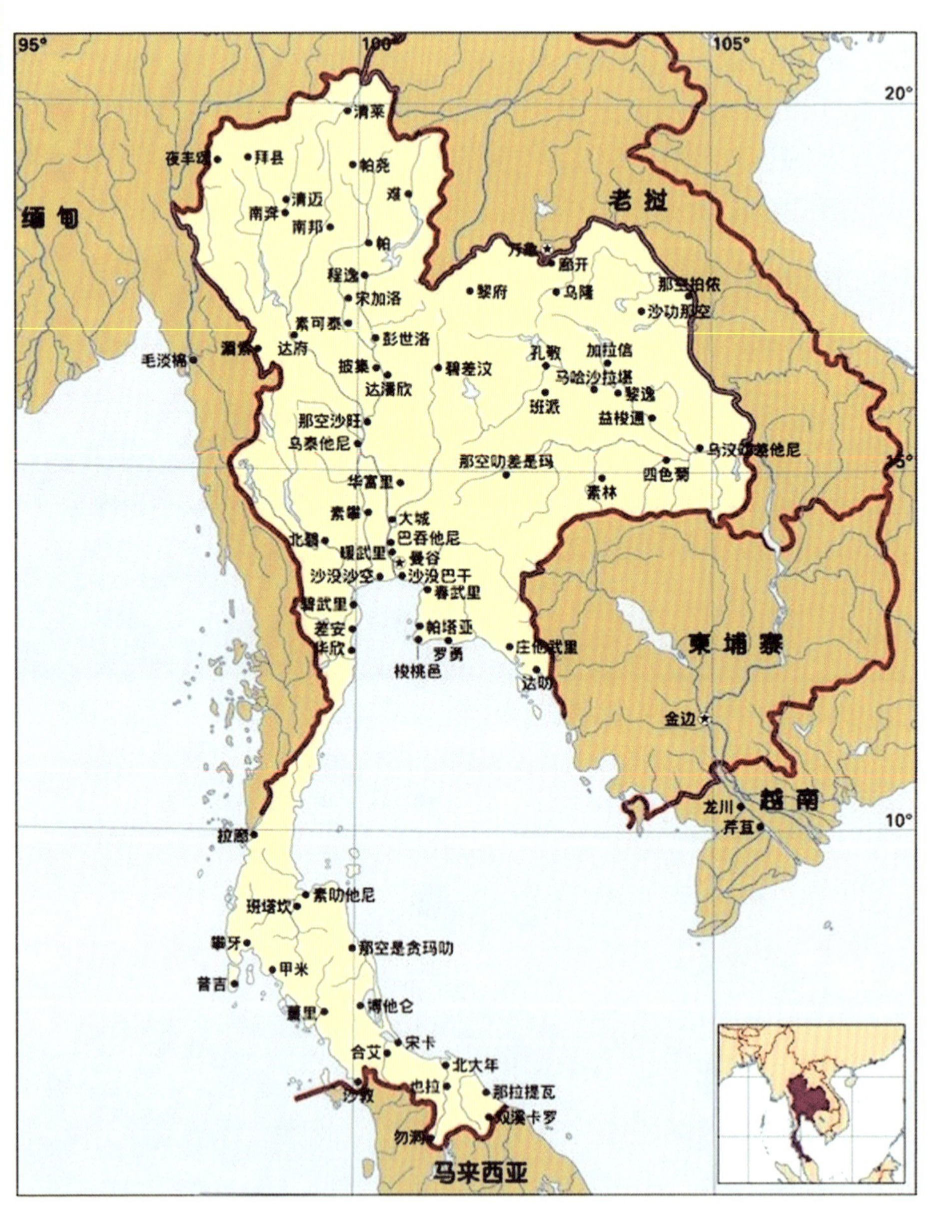

泰国府级行政区域图

北部地区

泰国北部各府区域图

泰国北部各府府情简表

	中文名称 泰文名称 英文名称	简 介	府 情
1	清迈府 เชียงใหม่ Chiang Mai	面积(平方公里):20 107 人口(万):165 距离曼谷(公里):700 交通方式:航空、公路、铁路 主要产业:旅游业、商业、工业、种植业、矿业、林业、水产业	地处北部山区,泰国最高峰英坦昂峰在其境内。盛产玫瑰等花卉,水产丰富。手工艺品闻名天下。清迈市是联合国经济社会计划下的重点城市。
2	清莱府 เชียงราย Chiang Rai	面积(平方公里):11 678 人口(万):113 距离曼谷(公里):823 交通方式:航空、公路、铁路 主要产业:种植业、旅游业、渔业	境内多山,平均海拔 300 米以上,是泰国气温最低的地区。该府为山地民族居住地,是通往缅甸和老挝的观光之门。主要经济作物有水稻、木材、畜牧业,经济作物主要有烟叶、各种水果。
3	帕夭府 พะเยา Phayao	面积(平方公里):6 335.1 人口(万):52.3 距离曼谷(公里):691 交通方式:公路、铁路 主要产业:种植业、旅游业、渔业	又名帕尧府、帕耀府。地处泰国北部高原,平均海拔 400 米以上。泰国北部最大的湖泊——帕耀湖在其境内。农业为该府支柱产业,物产有水稻、玉米、锡、锌、淡水鱼。
4	难府 น่าน Nan	面积(平方公里):11 472.1 人口(万):45.8 距离曼谷(公里):668 交通方式:公路、铁路 主要产业:旅游业、林业、矿业、畜牧业	境内多山,物产丰富。特产有竹筒饭、柑橘、柚木和松木。 府内古城历史遗迹众多。每年 10 月 9 日和 10 日,该府举行盛大的龙舟比赛。

续表

	中文名称 泰文名称 英文名称	简　介	府　情
5	夜丰颂府 แม่ฮ่องสอน MaeHongSon	面积(平方公里)：12 681 人口(万)：21 距离曼谷(公里)：924 交通方式：公路 主要产业：种植业、林业、矿业	常年浓雾，有“雾都”之称。矿产有锡、钨、锑、锰。
6	喃奔府 ลำพูน Lamphun	面积(平方公里)：4 505 人口(万)：41.3 距离曼谷(公里)：667 交通方式：公路、铁路 主要产业：林业、矿业、种植业	位于滨河上游，是泰国北部面积最小的府。盛产木材、荧光石、钨、锰、褐煤、磷以及龙眼。每年8月，该府举办“龙眼节”。
7	喃邦府 ลำปาง Lampang	面积(平方公里)：12 534 人口(万)：78.2 距离曼谷(公里)：599 交通方式：公路、铁路 主要产业：农产品加工业、矿业、种植业	中部和南部为平原，适宜耕种。北部盛产柚木，大部分用于出口。矿产有褐煤、锑、锡、铁。 泰国境内唯一仍以马车为主要交通工具的府，泰国的大象保护中心也设在该府。
8	帕府 แพร่ Phrae	面积(平方公里)：6 538.6 人口(万)：49.3 距离曼谷(公里)：551 交通方式：公路 主要产业：林业、矿业	地处山区，耕地不足，柚木加工品是主要出口产品。另外物产还有烟草、锰、钨、荧光石、重晶石。
9	哒府 ตาก Tak	面积(平方公里)：16 406.6 人口(万)：48.6 距离曼谷(公里)：426 交通方式：航空、公路 主要产业：种植业、林业、制陶业、矿业	多山，平原面积很小。森林资源和矿产资源都很丰富。滨河从该府中部穿越而过，水资源非常丰富。府内的普密蓬水坝为亚太地区最大的水坝、世界第七大水坝。

续表

	中文名称 泰文名称 英文名称	简　介	府　情
10	素可泰府 สุโขทัย Sukhothai	面积(平方公里):6 596.1 人口(万):59.3 距离曼谷(公里):427 交通方式:铁路、公路 主要产业:旅游业、种植业、矿业、陶瓷业	位于荣河中游,西北部是山区,东南部为平原,府内水资源丰富,土地肥沃。物产有水稻、大豆、矿石、大理石。 曾作为素可泰王朝首都,有深厚的历史积淀,也是水灯节的发源地。 13 世纪,中国工匠在此创办陶瓷业。此地的宋加洛陶瓷至今仍非常有名。
11	程逸府 อุตรดิตถ์ Uttaradit	面积(平方公里):7 838 人口(万):46.4 距离曼谷(公里):491 交通方式:铁路、公路 主要产业:种植业、林业、矿业	又名乌达叻滴府。位于难河中游,北部和西部多山,森林和山地面积占全府 80% 以上,南部为平原,主要农业作物为水稻、黄豆、烟叶,水果丰富,主要为枇杷、榴梿。府内有著名的诗丽吉水坝。
12	彭世洛府 พิษณุโลก Phitsanulok	面积(平方公里):10 815.8 人口(万):79.3 距离曼谷(公里):498 交通方式:公路、铁路 主要产业:种植业、渔业、旅游业	大部分土地多为平原,难河和荣河流经境内,水利资源极为丰富。 该府是泰北和泰东北的交通要道,工商业发达。文物古迹受高棉、素可泰和阿瑜陀耶三种文化影响;哇拍史拉达那玛哈它寺有泰国公认的最美的佛像。
13	甘烹碧府 กำแพงเพชร Kamphaeng Phet	面积(平方公里):8 607 人口(万):67.4 距离曼谷(公里):358 交通方式:公路 主要产业:种植业、林业、矿业	位于滨河上游,东南部为平原,出产水稻、玉米和黄豆等农作物,西南部为山区,盛产木材。该府首府是素可泰时代的一座历史古城。

续表

	中文名称 泰文名称 英文名称	简介	府情
14	披集府 พิจิตร Phichit	面积(平方公里):4 531 人口(万):23.8 距离曼谷(公里):358 交通方式:公路 主要产业:种植业、林业、矿业	位于难河下游,府内大部分土地为平原。物产有柚木、石膏矿。闻名遐迩的西费湖位于府内。
15	碧差汶府 เพชรบูรณ์ Phetchabun	面积(平方公里):12 678.4 人口(万):96.6 距离曼谷(公里):346 交通方式:公路 主要产业:种植业、畜牧业	位于巴萨河上游,主要物产为水稻、棉花、烟叶、热带水果。
16	那空沙旺府 นครสวรรค์ Nakhon Sawan	面积(平方公里):9 597 人口(万):109 距离曼谷(公里):240 交通方式:公路、铁路、水路 主要产业:种植业、运输业、商业、林业、渔业	又名北揽坡府。四大支流在该府汇集成湄南河。土质肥沃,是泰国重要的粮食产地。 该府水陆交通便利,工商业也十分繁荣。著名的淡水湖波拉碧湖在其境内,盛产淡水鱼。此外该府还是象、犀牛的繁衍地。
17	乌泰他尼府 อุทัยธานี Uthai Thani	面积(平方公里):6 730 人口(万):30.4 距离曼谷(公里):219 交通方式:公路、水路 主要产业:种植业、渔业	位于色梗港河下游,六成以上为山地。主要农作物为水稻、竹笋。矿产有锡、锰、铁。

东北部地区

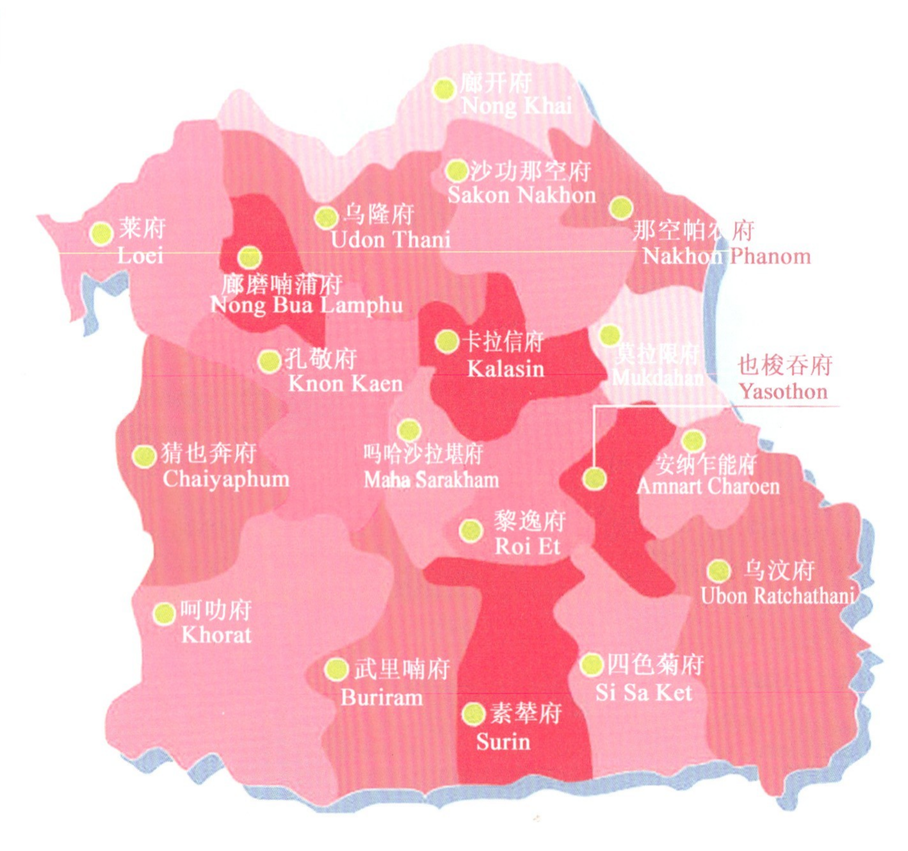

泰国东北部各府区域图

泰国东北部各府府情简表

	中文名称 泰文名称 英文名称	简　介	府　情
1	莱府 เลย Loei	面积(平方公里):11 424 人口(万):60.7 距离曼谷(公里):520 交通方式:公路 主要产业:种植业、旅游业、畜牧业	又名黎府,位于黎河右岸。该府四面环山,山区矿产资源丰富,主要为重晶石。
2	廊磨喃蒲府 หนองบัวลำภู Nong Bua Lamphu	面积(平方公里):3 859 人口(万):48.2 距离曼谷(公里):610 交通方式:公路 主要产业:种植业、畜牧业、工业	1993年才从乌隆府中独立出来。
3	廊开府 หนองคาย Nong Khai	面积(平方公里):7 332.3 人口(万):883.704 距离曼谷(公里):616 交通方式:铁路、公路、水路 主要产业:种植业、渔业、商业、林业	位于湄公河南岸,东西南三面是丘陵和山地,森林覆盖率达50%以上。出产木材和龙眼。该府是通往老挝的门户。
4	汶甘府 บึงกาฬ Bueng Kan	面积(平方公里):4 305.7 人口(万):39.9 距离曼谷(公里):610 交通方式:公路、水路 主要产业:种植业、渔业	2010年8月才从廊开府独立出来,是泰国成立时间最短的一个府。
5	乌隆府 อุดรธานี Udon Thani	面积(平方公里):11 730.3 人口(万):49.3 距离曼谷(公里):564 交通方式:铁路、公路 主要产业:工业、种植业、畜牧业	又名乌隆他尼府。府内河流多但都不利于航行。主要依赖公路和铁路,为东北部的铁路枢纽。

续表

	中文名称 泰文名称 英文名称	简　介	府　情
6	沙功那空府 สกลนคร Sakon Nakhon	面积(平方公里):9 605 人口(万):104 距离曼谷(公里):647 交通方式:公路 主要产业:渔业、种植业、畜牧业	又名色军府。位于素攀武里河岸,西南山林茂密,东北部为平原。工业相对落后。
7	那空拍农府 นครพนม Nakhon Phanom	面积(平方公里):5 512.7 人口(万):68.4 距离曼谷(公里):740 交通方式:公路、水路 主要产业:种植业、渔业、林业	位于湄公河左岸,为边防重镇。沿河地区农业发达,盛产水稻。西部地区覆盖着大量的森林。
8	莫拉限府 มุกดาหาร Mukdahan	面积(平方公里):4 339 人口(万):31.3 距离曼谷(公里):642 交通方式:公路 主要产业:种植业、渔业	又名穆达汉府。位于东北部高原,湄公河西岸。境内多山,森林茂密。农业和渔业比较发达,工业落后。
9	卡拉信府 กาฬสินธุ์ Kalasin	面积(平方公里):6 946 人口(万):92.1 距离曼谷(公里):519 交通方式:公路 主要产业:种植业、林业、工业	又名加拉信府。西南部为平原、东北部重峦叠嶂,森林茂盛,盛产优质木材。农业发达,有以碾米、木薯加工等食品加工为主的工业。该府有泰国最大的恐龙遗迹。
10	孔敬府 ขอนแก่น Khon Kaen	面积(平方公里):10 886 人口(万):173.3 距离曼谷(公里):450 交通方式:航空、铁路、公路 主要产业:旅游业、加工业、商业、种植业	孔敬市是联合国经济社会计划下的重点城市,商业发达,是东北部的商品集散地。

续表

	中文名称 泰文名称 英文名称	简　介	府　情
11	猜也奔府 ชัยภูมิ Chaiyaphum	面积(平方公里):12 778.3 人口(万):109.5 距离曼谷(公里):342 交通方式:公路 主要产业:种植业、矿业、林业、盐业	又名猜也蓬府。西北多山,原始森林密布。中部和东北部为平原。农产品以稻米、麻、玉米为主。有以麻制品、木材加工为主的加工业。
12	呵叻府 นครราชสีมา Nakhon	面积(平方公里):20 494 人口(万):255.6 距离曼谷(公里):259 交通方式:铁路、公路 主要产业:旅游业、陶瓷业、工艺品加工业、种植业	又名那空叻差是玛府。总面积为泰国第一,人口总数第二。地处东北高原,蒙河上游。自然风景优美秀丽,境内分布着许多森林、山峰、瀑布和水库。农业不发达,工业主要为农产品加工业。该府工艺品享有盛誉。历史悠久,有高棉文化遗址。该府是东北部地区主要的交通枢纽和经济中心。
13	吗哈沙拉堪府 มหาสารคาม Maha Sarakham	面积(平方公里):5 291.7 人口(万):87.1 距离曼谷(公里):475 交通方式:公路、铁路 主要产业:畜牧业、手工加工业、种植业	又名马哈沙拉坎府。位于泰国东北高原中部,栖河上游。境内气候属于高原气候,夏热冬冷,土质不好,不利于农业发展。
14	黎逸府 ร้อยเอ็ด Roi Et	面积(平方公里):8 299.4 人口(万):125.6 距离曼谷(公里):512 交通方式:公路 主要产业:制盐业、种植业	是东北部较大的一个府。府内自然条件较差,农业不甚发达。特产为泰国香米、青盐。工业也不发达。

续表

	中文名称 泰文名称 英文名称	简　介	府　情
15	也梭吞府 ยโสธร Yasothon	面积(平方公里)：4 161 人口(万)：56.1 距离曼谷(公里)：531 交通方式：公路 主要产业：种植业、家庭手工业	又名耶梭通府。南部和北部地势高，中部较低，府内主要为山林、草地和沼泽。南部有栖河穿越，沿岸良田万顷，是该府的主要粮产区。工业不甚发达。
16	安纳乍能府 อำนาจเจริญ Amnat Charoen	面积(平方公里)：3 161.2 人口(万)：35.9 距离曼谷(公里)：804 交通方式：公路、水路 主要产业：种植业、渔业	又名安纳乍仑府。1993年独立成府。境内建有大量兰那和老挝风格的庙。
17	乌汶府 อุบลราชธานี Ubon Ratchathani	面积(平方公里)：15 744.8 人口(万)： 距离曼谷(公里)：629 交通方式：铁路、公路 主要产业：种植业、渔业、加工业、林业	水利资源丰富，有大小湖泊8 000多个。沿河流域土壤肥沃，出产水稻，产量居东北各府之首。工业发达。
18	四色菊府 ศรีษะเกศ Si Sa Ket	面积(平方公里)：8 839 人口(万)：140.6 距离曼谷(公里)：571 交通方式：铁路、公路 主要产业：种植业、畜牧业	是泰国最贫穷的一个农业府。工业比较落后。
19	素辇府 สุรินทร์ Surin	面积(平方公里)：8 124 人口(万)：137.5 距离曼谷(公里)：454 交通方式：铁路、公路 主要产业：旅游业、种植业	又名素林府。有“大象之乡”的美称。每年11月15—17日还有赛象盛会。盛产大象、木材、丝绸、热带水果。

续表

	中文名称 泰文名称 英文名称	简　介	府　情
20	武里喃府 บุรีรัมย์ Buriram	面积(平方公里):10 322.9 人口(万):149.3 距离曼谷(公里):410 交通方式:铁路、公路 主要产业:种植业、旅游业、加工业	位于蒙河以南。全府为丘陵、平原,境内有很多大小河流,水利资源非常丰富。沿河地区的农业发达。盛产稻米和麻。该府的旅游业尚有进一步发展的前景。

东部地区

泰国东部各府区域图

泰国东部各府府情简表

	中文名称 泰文名称 英文名称	简　介	府　情
1	春武里府 ชลบุรี Chon Buri	面积(平方公里):4 363 人口(万):104 距离曼谷(公里):94 交通方式:航空、公路、水路 主要产业:旅游业、工业、渔业	位于泰国湾东海岸,为泰国东部工业、商业、旅游和文化中心。春武里市为联合国经济社会计划下的重点城市。旅游胜地芭提雅就位于其府内。
2	罗勇府 ระยอง Rayong	面积(平方公里):3 552 人口(万):53 距离曼谷(公里):222 交通方式:公路 主要产业:旅游业、林业、渔业、矿业	位于罗勇河下游。中部和东部多山,出产木材,矿产资源非常丰富。沿海一带为平原,但土质恶劣,不宜耕种。沿海一带渔业发达,该府鱼露非常有名。府内专门建立了工业园区,包括一般工业区、保税区、物流仓储区和商业生活区,主要吸引汽配、机械、家电等方面的中国企业入园设厂。
3	尖竹汶府 จันทบุรี Chanthaburi	面积(平方公里):6 338 人口(万):48 距离曼谷(公里):245 交通方式:公路、水路 主要产业:矿业、种植业	又名占他武里府。山多地少,粮食不能自给,但丘陵地区是著名的水果产地。该地的红宝石、蓝宝石远近闻名。
4	哒叻府 ตราด Trat	面积(平方公里):2 919.2 人口(万):22 距离曼谷(公里):315 交通方式:公路、水路 主要产业:旅游业、种植业、渔业、工业	位于泰国东部哒叻河下游,东北部为原始森林,出产木材。该区有泰国最大的岛屿——阁昌岛。

中部地区

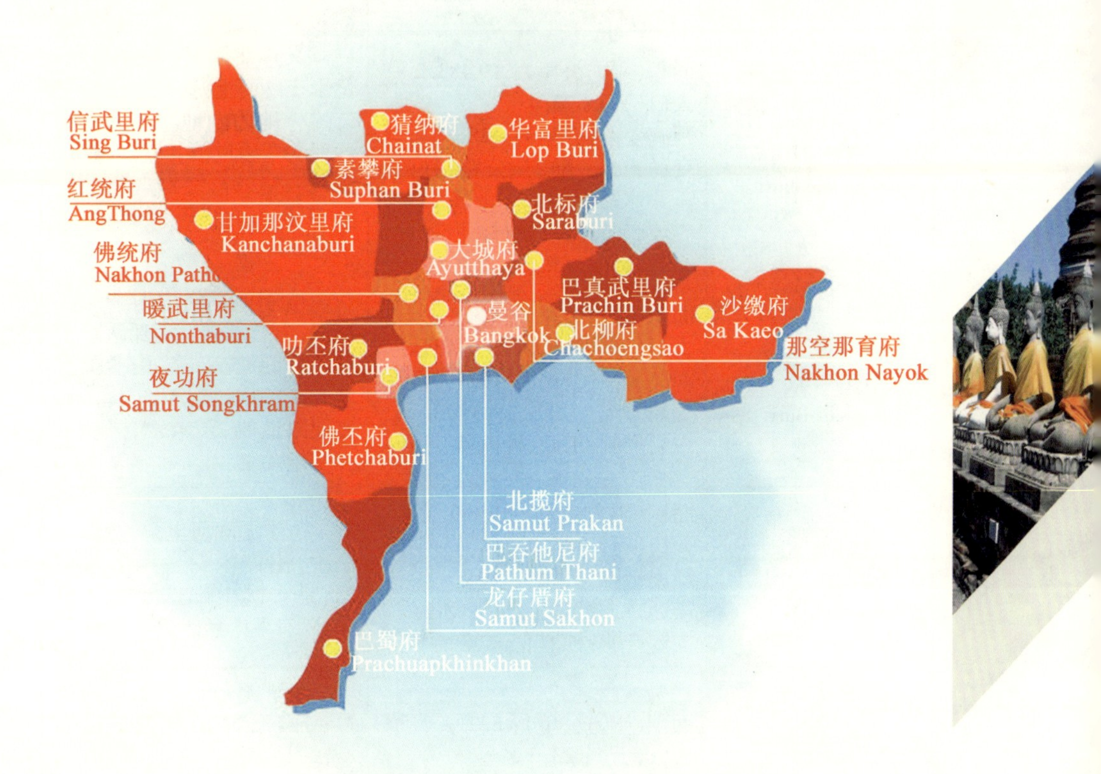

泰国中部各府区域图

泰国中部各府府情简表

	中文名称 泰文名称 英文名称	简　介	府　情
1	甘加那汶里府 กาญจนบุรี Kanchanaburi	面积(平方公里):19 483.2 人口(万):73.4 距离曼谷(公里):128 交通方式:航空、公路、铁路、水路 主要产业:旅游业、林业、矿业	又称北碧府,地处高原,位于夜功河上游,全府三分之二的土地为山地。曾是泰国西部的军事重镇。盛产黄金、锡、钨、锰、锌、红铜、荧光石、蓝宝石、白银等矿产以及木材。
2	素攀府 สุพรรณบุรี Suphan Buri	面积(平方公里):5 358 人口(万):85.6 距离曼谷(公里):107 交通方式:铁路、公路 主要产业:工业、种植业、渔业	位于他真河中游。北部高地,出产木材。南部沃野千里,水利系统完善,是泰国重要的产粮区,盛产泰国香米。工业以造船、碾米、木材加工和榨糖为主。
3	猜纳府 ชัยนาท Chainat	面积(平方公里):1 469 人口(万):86.0 距离曼谷(公里):194 交通方式:铁路、公路、水路 主要产业:种植业、矿业	位于湄南河上游,西部为山地,出产木材。其余为平原,是泰国中部重要的产粮区,为有名的鱼米之乡。
4	信武里府 สิงห์บุรี Sing Buri	面积(平方公里):822 人口(万):23.3 距离曼谷(公里):142 交通方式:公路、水路 主要产业:种植业、工业、渔业	位于湄南河右岸,全府为冲积平原,有10条河流纵横交错,是泰国河流最多的府。由于水力资源丰富,该府的农业十分发达。全府交通也以水路为主。有汽车、碾米、木材加工等轻重工业。
5	华富里府 ลพบุรี Lop Buri	面积(平方公里):6 199.8 人口(万):74.6 距离曼谷(公里):153 交通方式:铁路、公路 主要产业:种植业、矿业、旅游业	为泰国历史名城。东部为山地和丘陵,有丰富的矿产资源。农业发达。

续表

	中文名称 泰文名称 英文名称	简　介	府　情
6	北标府 สระบุรี Saraburi	面积(平方公里)：3 576.5 人口(万)：57.5 距离曼谷(公里)：108 交通方式：铁路、公路 主要产业：种植业、林业、矿业	又名沙拉武里府。位于巴塞河中游。全府山地面积仅占2%，其余均为土质肥沃的良田，农业非常发达。
7	红统府 อ่างทอง Ang Thong	面积(平方公里)：968 人口(万)：26.9 距离曼谷(公里)：105 交通方式：铁路、公路 主要产业：工业、渔业	位于湄南河下游，水利资源丰富，全府为冲积平原。农业发达。造船业先进。
8	大城府 พระนครศรีอยุธยา Ayutthaya	面积(平方公里)：2 556.6 人口(万)：76 距离曼谷(公里)：72.7 交通方式：铁路、公路、水路 主要产业：旅游业、种植业、渔业、轻重工业	又名阿瑜陀耶府。为泰国最大的产米区；曾为暹罗王朝首府；区内阿瑜陀耶历史公园被列为联合国教科文组织世界文化遗产。
9	叻丕府 ราชบุรี Ratchaburi	面积(平方公里)：5 196 人口(万)：74.56 距离曼谷(公里)：80 交通方式：铁路、公路 主要产业：种植业、矿业、林业以及轻重工业	位于夜功河下游。夜功河两岸地势平缓，土地肥沃，农业兴盛，是府内重要的产粮区。西部山区出产优良的柚木和铁木。工业以碾米、木材加工、制糖和纺织为主。
10	佛统府 นครปฐม Nakhon Pathom	面积(平方公里)：2 168.3 人口(万)：81.5 距离曼谷(公里)：58 交通方式：铁路、公路 主要产业：种植业、工业、旅游业	又称那空巴统府，位于他真、夜功两条河的下游，沿岸地带为冲积平原，是泰国极为重要的产粮区，盛产宾诰白米。该府交通便利，工商业比较发达。历史悠久，也是泰国最古老的城市之一。

续表

	中文名称 泰文名称 英文名称	简　介	府　情
11	暖武里府 นนทบุรี Nonthaburi	面积(平方公里):622.3 人口(万):103.9 距离曼谷(公里):20 交通方式:公路、水路 主要产业:旅游业、陶瓷业	位于湄南河下游,境内水利资源充足,土地肥沃,物产丰富。尤其是水果种类繁多,所产榴梿最为有名。
12	巴吞他尼府 ปทุมธานี Pathum Thani	面积(平方公里):1 525.9 人口(万):85.4 距离曼谷(公里):46 交通方式:铁路、公路 主要产业:工业、渔业、种植业	位于湄南河下游,府内多平原、水利条件较好。是泰国主要产粮区。该府的水陆交通通畅,工业发达。
13	那空那育府 นครนายก Nakhon Nayok	面积(平方公里):2 122 人口(万):24.1 距离曼谷(公里):107 交通方式:公路 主要产业:林业、种植业	又名坤西育府。位于那空那育河中游,北部为山区,交通不便,林业是其主要经济部门。南部和中部是富庶的平原,盛产水稻。
14	巴真武里府 ปราจีนบุรี Prachin Buri	面积(平方公里):4 762.4 人口(万):42 距离曼谷(公里):128 交通方式:公路、铁路 主要产业:种植业、林业、矿业、加工业	位于挽巴功河上游。该府大山绵延,森林茂密,木材是该府的重要产品。农业发达,盛产水稻、玉米和水果。
15	沙缴府 สระแก้ว Sa Kaeo	面积(平方公里):7 195.1 人口(万):50 距离曼谷(公里):220 交通方式:公路、铁路 主要产业:林业、矿业	该府的地质特征具有多样性,有平原也有高地。曾是一个古代文明社区,有高棉文化遗址。
16	北柳府 ฉะเชิงเทรา Chachoengsao	面积(平方公里):5 351.0 人口(万):63.5 距离曼谷(公里):100 交通方式:铁路、公路 主要产业:种植业、渔业、林业	又名差春骚府。位于挽巴功河中游,东北部为山区。是泰国东部重要的粮仓。

续表

	中文名称 泰文名称 英文名称	简 介	府 情
17	北揽府 สมุทรปราการ Samut Prakan	面积(平方公里):1 004.1 人口(万):112.6 距离曼谷(公里):25 交通方式:铁路、公路 主要产业:种植业、旅游业、渔业、轻工业	又名沙没巴干府。位于湄南河出海口,全府为冲积平原,农业和渔业很发达,盛产椰子。工业基础良好。
18	龙仔厝府 สมุทรสาคร Samut Sakhon	面积(平方公里):872 人口(万):46.6 距离曼谷(公里):28 交通方式:公路、水路 主要产业:盐业、大中型工业	又名沙没沙空府。原名他金——中国码头。位于他真河下游,两岸水资源丰富,土质优良,是泰国主要的产粮区之一。沿海居民大多从事渔业活动,该府是泰国最大的海产品集散地。
19	夜功府 สมุทรสงคราม Samut Song khram	面积(平方公里):416 人口(万):20.4 距离曼谷(公里):74 交通方式:公路、水路 主要产业:种植业、渔业	又名沙没颂堪府。位于夜功河下游的冲积平原,两岸土质优良,水利发达,农业作物主要为水稻和椰子。渔业发达,海产品远近驰名。工业以造船和海产品加工业为主。
20	佛丕府 เพชรบุรี Phetchaburi	面积(平方公里):6 225.1 人口(万):43.5 距离曼谷(公里):123 交通方式:铁路、公路、水路 主要产业:工业、林业、种植业	又名碧武里府。位于碧武里河下游,东部地势较高,沿海一带为平原,西部与缅甸接壤。平原地区农业发达,盛产水稻、大豆等农作物;沿海地区渔业兴旺。西部山区有丰富的矿产资源。该府工业发达,主要有汽车制造、水泥工业。
21	巴蜀府 ประจวบคีรีขันธ์ Prachua-pkhinkhan	面积(平方公里):6 367.6 人口(万):49.4 距离曼谷(公里):281 交通方式:铁路、公路、水路 主要产业:渔业、旅游业	又名班武里府。是泰国境内形状最狭长的府,最窄处仅13 公里,与缅甸相邻。百分之三十为山地,百分之七十为平原,河流众多,渔业发达。盛产锡、黄金等金属。

南部地区

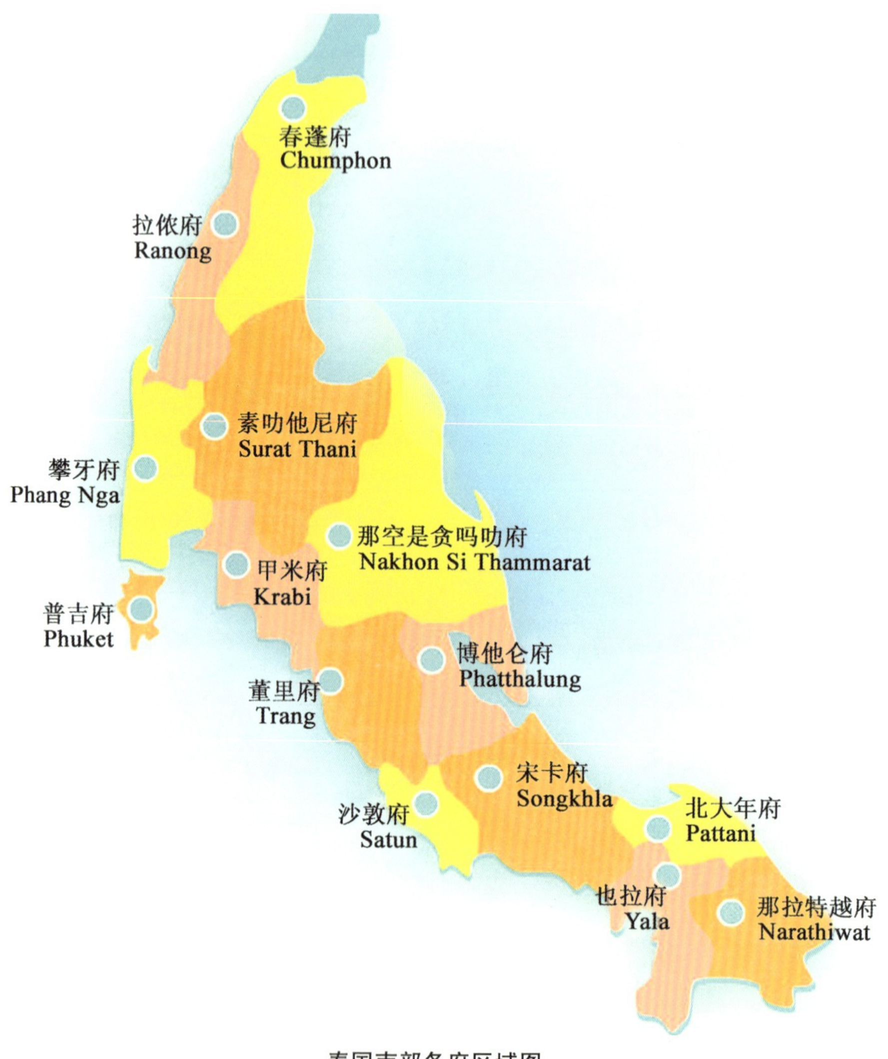

泰国南部各府区域图

泰国南部各府府情简表

	中文名称 泰文名称 英文名称	简　介	府　情
1	春蓬府 ชุมพร Chumphon	面积(平方公里):6 009 人口(万):44.6 距离曼谷(公里):463 交通方式:公路、航空、铁路、水路 主要产业:农业、渔业、中小型工业	位于泰南克拉地峡东海岸,西北与西南为山地,森林覆盖面大。东部沿海为平原,农业发达,出产水稻和热带水果。沿海港湾和岛屿众多,渔业兴旺,出产珍贵的"春蓬燕窝"质量为泰国最好,价抵黄金。
2	拉侬府 ระนอง Ranong	面积(平方公里):3 298 人口(万):16.1 距离曼谷(公里):568 交通方式:公路 主要产业:渔业	是泰国平均人口密度最低的地区。位于泰南克拉地峡帕克强河左岸,是一个山区府,全府84%的土地覆盖着原始森林,出产木材。
3	攀牙府 พังงา Phang Nga	面积(平方公里):4 170 人口(万):23.4 距离曼谷(公里):788 交通方式:公路、水路 主要产业:种植业、渔业	位于泰南西海岸攀牙湾口,全府处于崇山峻岭之中,矿产资源丰富。府内主要经济部门为橡胶、椰子种植和矿产开采。
4	素叻他尼府 สุราษฎร์ธานี Surat Thani	面积(平方公里):12 891 人口(万):96.6 距离曼谷(公里):685 交通方式:铁路、公路 主要产业:渔业、林业、矿业、旅游业	位于泰南达比河下游,西部是山区,沿海是辽阔的平原。该府是泰南各府中出产稻米和橡胶最多的府。
5	普吉府 ภูเก็ต Phuket	面积(平方公里):543 人口(万):28.8 距离曼谷(公里):862 交通方式:航空、水路、公路 主要产业:旅游业、渔业	是泰国唯一自成一府的岛屿。天然的旅游度假胜地,有"泰南珍珠"的美称。另外也盛产锡、橡胶、海产、热带水果。

续表

	中文名称 泰文名称 英文名称	简　介	府　情
6	甲米府 กระบี่ Krabi	面积(平方公里)：4 708 人口(万)：45.8 距离曼谷(公里)：814 交通方式：公路、水路、航空 主要产业：旅游业、渔业、种植业	位于泰南西海岸，东北部山峦连绵起伏。该府盛产燕窝、橡胶、棕榈油、褐煤。每年都有大量橡胶和棕榈油出口。为2004年印度洋大海啸受灾地。
7	那空是贪吗叻府 นครศรีธรรมราช Nakhon Si Thammarat	面积(平方公里)：9 942.5 人口(万)：152 距离曼谷(公里)：780 交通方式：公路、水路 主要产业：种植业、渔业	华人称洛坤府。位于泰南东海岸西部。山高林密，盛产稻米和椰子，有“泰南粮仓”之称。锡、钛等多种矿产资源也十分丰富。
8	董里府 ตรัง Trang	面积(平方公里)：4 917.5 人口(万)：59.5 距离曼谷(公里)：828 交通方式：公路、水路、铁路、航空 主要产业：渔业、种植业	位于泰南西海岸下游，北部是丘陵地区，董里河沿岸是平原。府内自然条件较好，农业发达，主要盛产稻米、香蕉、咖啡和木材。橡胶产量居泰国第四位。
9	博他仑府 พัทลุง Phatthalung	面积(平方公里)：3 424.5 人口(万)：49.8 距离曼谷(公里)：840 交通工具：公路、铁路 主要产业：种植业、渔业	位于泰南东海岸，西部为山区，中部是平原。境内河流交错，水利系统发达，沿河地区土质优良，盛产水稻、橡胶、椰子。另外锡矿产也十分丰富。
10	沙敦府 สตูล Satun	面积(平方公里)：2 479 人口(万)：24.7 距离曼谷(公里)：973 交通工具：公路 主要产业：渔业、林业	位于泰南西海岸，东北部是山区，沿海一带是平原，岛屿和湖泊众多，水资源丰富。盛产锡、锰、钨、重晶石等矿藏以及木材。合艾市为联合国经济社会计划下的重点城市。

续表

	中文名称 泰文名称 英文名称	简　介	府　情
11	宋卡府 สงขลา Songkhla	面积(平方公里):7 393.9 人口(万):131.7 距离曼谷(公里):950 交通工具:铁路、公路、水路 主要产业:渔业、矿业、旅游业	位于泰南东海岸,西南部为森林密布的山区,北部是平原,水资源丰富,渔业发达。
12	也拉府 ยะลา Yala	面积(平方公里):4 215 人口(万):41.6 距离曼谷(公里):1 084 交通工具:铁路 公路 主要产业:矿业	是泰国最南的泰南三府之一。位于北大年河下游。西南部高山陡峭,森林茂密,东北部是平原,北大年河的沿河地区和平原地区农业发达。
13	北大年府 ปัตตานี Pattani	面积(平方公里):1 940.4 人口(万):59.5 距离曼谷(公里):1 055 交通工具:公路、铁路 主要产业:种植业、渔业、制盐业、加工业	位于北大年河下游,是泰国最南的泰南三府之一。东北沿海平原是该府的主要产粮区,工业以碾米、橡胶加工和椰油榨制为主。该府人口80%信奉伊斯兰教,是泰国的伊斯兰教中心。
14	那拉特越府 นราธิวาส Narathiwat	面积(平方公里):4 475.4 人口(万):66.2 距离曼谷(公里):1 149 交通工具:铁路、水路 主要产业:渔业、种植业	又名陶公府,为泰国最南的泰南三府之一。西部多山,山区矿产资源种类多、储量较大,主要有锡、金、钨、锰和铅矿。东部沿海为平原,农业发达,出产橡胶、椰子和稻米、玉米、绿豆等农作物。

	泰国人口最多的十个府	泰国面积最大的十个府
1	曼谷	呵叻
2	呵叻	清迈
3	乌汶	甘加那汶里

续表

泰国人口最多的十个府		泰国面积最大的十个府
4	乌隆	呔府
5	孔敬	乌汶
6	武里喃	素叻他尼
7	那空是贪吗叻	猜也奔
8	清迈	夜丰颂
9	四色菊	碧差汶
10	素辇	喃邦

3. 主要城市

曼谷市

曼谷市

曼谷(Bangkok)作为泰国首都,已经有200年的历史。1782年,拉玛王朝建立后,拉玛一世把首都迁到湄南河东岸,并命名为曼谷。今天,曼谷已经成为颇有声誉的国际化大都市,东南亚最重要的城市和主要的交通通信枢纽之一。

曼谷作为唯一的中央直辖市，面积为 2 000 多平方公里，下辖 24 个县、150 个区。整个曼谷的建设是以大皇宫为中心向外扩展，第一圈是寺庙和官方建筑，第二圈是商业圈，第三圈是住宅区。曼谷主要部分在湄南河以东，有六个主要工商业区，以挽叻区的是隆路最为繁荣；以王家田广场为最大；是隆路最为洋气；唐人街市场最为庞大繁华。王宫和佛寺大多建在湄南河圈。湄南河沿岸地区是泰国的政治中心，也是旅游景点密集区。作为全国交通的枢纽，曼谷交通四通八达，有水运、空运、铁路、公路与全国各府相连。

曼谷还是国际组织活动的中心之一、联合国亚太地区理事会总部，以及 20 多个国际机构的区域办事处和一所国际学院——亚洲理工学院的所在地，每年在此举行各种国际会议多达两三百次。

曼谷正式名字是全世界最长的地方名字，由 163 个字母组成。中文翻译为“天使的城市，美玉的宝库，无法征服之地，宏大的城都，至高的皇家居住地和大王宫，轮回转世神灵的庇护地和居住地”。

曼谷在泰国经济中的地位

指标	包括曼谷	不包括曼谷	增减数量	增减%
面积	513 115 平方公里	511 549.8	减少 1 565.2	-0.3%
森林面积	104 744 平方公里	104 740.9	减少 3.1	-0.0%
人口	63 038 247 人	57 321 999	减少 5 716 248	-9.1%
出生人数	793 623 人	682 889	减少 110 734	-14.0%
死亡人数	391 126 人	352 301	减少 38 825	-9.9%
医生人数	19 546 人	13 035	减少 6 511	-33.3%
职业护士人数	101 465 人	81 655	减少 19 810	-19.5%
病床数	132 920 床	107 640	减少 25 280	-19.0%
企业公司数量	375 705 家	235 918	减少 139 787	-37.2%
参加社会保险人数	8 537 801 人	5 547 499	减少 2 990 302	-35.0%

续表

指标	包括曼谷	不包括曼谷	增减数量	增减%
新登记小轿车数量	305 696 辆	130 574	减少 175 122	-57.3%
新登记货车数量	308 500 辆	215 967	减少 92 533	-30.0%
新登记摩托车数量	1 665 400 辆	1 300 182	减少 365 218	-21.9%
用电数量	127 811gWh	86 328	减少 41 483	-32.5%
人均用电数量	2 034.3kWh	1 568.9	减少 465.4	-22.9%
无铅汽油使用数量	7 120.7 百万升	4 497.9	减少 2 622.8	-36.8%
柴油使用数量	18 267 百万升	12 345	减少 5 922	-32.4%
GDP	78 303 亿铢	56 956	减少 21 347	-27.3%
人均 GDP	120 037 铢	99 691	减少 20 346	-16.9%
商业银行存款	65 174 亿铢	24 160	减少 41 014	-62.9%
商业银行人均存款数量	103 389 铢	42 150	减少 61 239	-59.2%
商业银行信贷数量	60 383 亿铢	18 307	减少 42 076	-69.7%
政府财政收入	14 950 亿铢	5 830	减少 9 120	-61.0%

清迈市

清迈是泰国的第二大城市，是泰国北部地区的政治、经济、文化中心。清迈的自然环境十分优美，临近湄南河的支流宾河，坐落在泰北群山环抱的小平原上，平均海拔 300 米，是泰国的高原城市。平时气候凉爽，为著名的避暑胜地。花卉繁茂，其中尤以玫瑰花最为著名，故有“泰北玫瑰城”的雅称。清迈的女孩子肤白貌美、眉清目秀、开朗活泼，因此清迈又被称为“美人窝”。

清迈市

清迈是柚木以及北部货物的集散中心，商业繁荣、交通便利。有机场、铁路、公路和水路通往全国各地。清迈是泰国手工艺品制作中心。绢织品、漆器、木刻、银器等手工艺品精致美丽，最能表现泰国的文化传统及工艺技术。其丝绸、纺织品等也著称于世，每年有大批丝绸、纺织品出口。

清迈是泰国佛教的精神中心，许多寺庙都有上千年或数百年的历史，珍藏的佛像和文化艺术品不计其数，是泰国的文化宝库之一。

呵叻市

呵叻市为呵叻府首府，是泰国东北部的政治、经济中心。14 世纪就已成为泰国东北部一个重要的商业城镇。呵叻不仅是泰国东北部的交通枢纽，而且是泰国与老挝联系的交通要道，由此往南行的公路与东部公路相连，并通往柬埔寨，故有“东北各府门户”之称。

呵叻著名的披迈石宫建于 11 世纪，主要建筑都呈“十”字形，各建筑之间都有回廊相通，有“泰国吴哥窟”之称。另外还有帕依旺石宫、千年古榕树等名胜古迹。

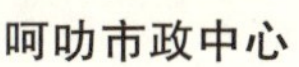
呵叻市政中心

合艾市

合艾市为泰国南部宋卡府首府，是泰国第三大商业城市，第二大金融、外贸城市，也是泰国重要的教育、文化、旅游和交通中心，有“泰南心脏”之称。

连接着泰国与马来西亚的陆路交通要道也从合艾通过。合艾的国际机场有定期飞往马来西亚和新加坡等地的航班。此外，该市拥有锡、橡胶、棕榈油、海产、木材等重要资源，是泰国锡和橡胶的主要集散地之一，泰国橡胶研究所即设于此。合艾是泰国华人最多的城市，走在合艾街头，中文店铺招牌举目可见。

二、人口、民族、民俗、宗教及语言

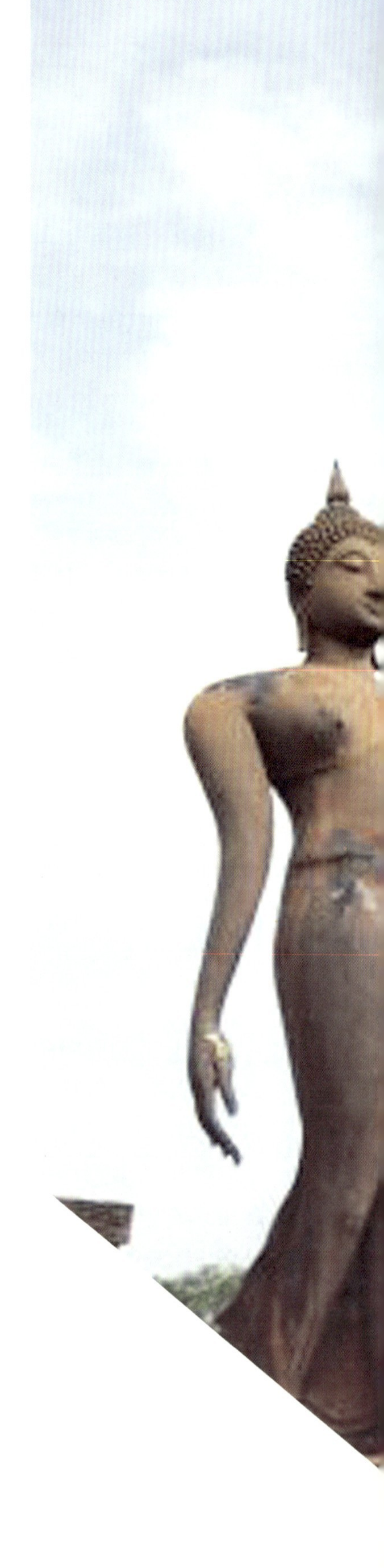

1. 人口

据泰国内政部统计，2009 年泰国人口总数为 6 700 万，位居世界第 21 位；人口密度为每平方公里 124 人，世界排名第 13 位。

目前，泰国人口发展呈现两大趋势：

一是人口出生率逐年下降。国家经济及社会发展委员会预测，泰国在 30 年内（2000—2030 年）人口出生率会逐年放缓，最终将在 2030 年降至 1.35%。到 2025 年，人口将达到最高峰 7 065 万人，但此后将开始出现负增长，并于 2030 年降至 7 063 万人。

二是人口结构趋向老龄化。泰国人口学专家巴莫指出，泰国人口老龄化趋势的增强，主要源于成功的生育控制，国民健康的提高以及医疗科技的发展。有关统计显示，目前泰国 60 岁以上人口已超过 600 万，约占总人口的 10%。联合国人口基金会曾做出预测，到 2025 年，泰国 60 岁以上人口

将达 1 320 万，预计占总人口的 17%；到 2050 年将达 2 230 万，占总人口的比例将上升到 27%。对于人口老龄化带来的种种经济和社会负担，泰国政府至今还没建立起一套完备的养老保障体系，1992 年出台的《国家养老长期行动计划（1992—2011 年）》，拟定了一些保障老年人福利的政策和措施，但在具体落实方面却进展缓慢。泰国政府鼓励散布全国各地的佛教寺庙、清真寺、基督教堂等宗教慈善机构更积极地介入养老福利事业。事实上，这些机构也是目前泰国社会福利保障体系的顶梁柱。

泰国人口变化表（千人）

年份	1970	1980	1990	2000	2007	2009
人口	34 397	44 825	56 303	61 878	63 038	63 525
增加率%	2.74	2.68	1.98	1.06	0.79	0.77

资料来源：泰国朱拉隆功大学人口学院人口学资料中心

人口年龄比率表　　（单位 %）

年龄	1970 年			2009 年		
	男	女	总体	男	女	总体
0 ~ 14	45.8	44.3	45.1	22.1	20.4	21
15 ~ 59	49.6	50.2	50.0	68.7	67.1	68
60 以上	4.6	5.5	4.9	10.2	12.5	11
合计	100	100	100	100	100	100

资料来源：泰国朱拉隆功大学人口学院人口学资料中心

2. 民族

古代，泰国地区是东南亚民族迁徙的中间地带，民族成分受到历史变迁的影响而显得错综复杂。目前，泰国是一个以泰民族为主，30 多个民族共同组成的多民族国家。其中,泰族和老族共占85%,华人占10%,其他还有马来人、孟人以及苗、瑶、依高、克伦等20多个山地民族以及部分混血居民。泰国政府对少数民族采取平等对待的政策。

身穿传统服饰的泰族女子

泰族

泰族人古称暹罗人,具有身材矮小、鼻宽唇厚、黄色皮肤的主要特征,属南亚黄种人。关于泰族人的起源和发展,由于文字记载很少,并且18世纪的外族侵略使得不少早期文物遭到毁灭,导致学术界至今尚未形成统一的说法。其中一种说法认为,泰人祖先原生活在中国西南地区,之后向南迁徙,南迁过程中,散居在从缅甸到越南的中南半岛大部分区域,其中也包括今天的泰国境内。另外,在语言、风俗以及人体体质等方面,也确实有大量事实表明泰族与中国壮族、傣族血脉渊源较深。因此,也有历史学家指出,从族属上泰族和傣族都为中国古越族的延续。

泰人在全国都有分布,按分布地区和方言可划分为中部泰人、东北部泰人、北部泰人和南部泰人4大支系。

中部泰人:主要分布在湄南河中部平原及湄南河支流的河谷地带,为典型泰人,人口约占全国的26%。中部泰人在文化上受古代孟人和高棉人的影响较深。在政治、经济以及文化诸多方面,中部泰人在全国范围内也具有较大的影响力和号召力。在中部泰语基础上形成的“曼谷话”是全国通用的标准泰语。

东北部泰人:主要分布在泰国东北部,人口约占全国的30%。东北部泰人在文化、语言、民间习俗等很多方面与老挝人相似。随着交往的

频繁，东北部泰人正受到中部泰人越来越多的同化。呵叻市和孔敬市是东北部泰人的政治、经济中心。

北部泰人：主要分布在以清迈为中心的泰国北部地区，人口约占全国的21%。北部泰人曾于13—18世纪以清迈为中心建立“兰那泰国”，故北部泰人亦称“兰那泰人”。北部地区官方和学校现已通用泰语，但民间仍有不少地方使用兰那泰方言。

南部泰人：主要分布在南部半岛春蓬府以南，人口约占全国的9%。现在南部泰人主要由当地泰人与孟人、马来人以及北部泰人、东北部泰人的移民融合而成。各地区尤其是中部和南部城市里的泰人，很大比例上融合有华人血统。

华人

华人赴泰历史悠久。自素可泰时期，华人就陆续来泰经商，但定居者并不多。到阿瑜陀耶时期，前来经商定居的华人开始增多。吞武里王朝时期，华人经商者数量日渐增多，支持华人在泰经商是吞武里王朝一项重要政策。当时，在泰国的潮州人拥有特权。

曼谷王朝初期，移民到泰国的华人增多。曼谷王朝初期给予华人许多优惠政策，未曾有歧视欺压之举。泰国不将华人列入庶民阶层，华人是自由民，能自由择业并到各地经商。最初，华人可以免除徭役，从拉玛二世时期起，华人要缴纳徭役税，一直执行到拉玛五世时期才被取消。华人在安家、就业、贸易、务农、造船和航行等方面还享有与泰国公民同等权利。海上贸易方面，华商可自由

现居住在泰国的华人

出入泰国，这是他国商人不能享有的特权。更有甚者，华人获准免服劳役，有别于当地人或居住在泰国的其他国家的人。1891 年，拉玛五世下令修建以中国人居住为主的街道，并赐名“耀华力路”，即俗称的泰国“唐人街”。

现居住在泰国的华人主要分为以下几种类型：

第一类　原为华侨，后来加入泰国国籍，大多是在 1949 年以前到泰国的谋生者。

第二类　前者的后代，为第二代华裔，多数会讲中国话，仍保留了许多中国的传统风俗习惯。

第三类　华侨以及前两种人的后裔。其中大部分是第三代、第四代华裔，占泰国华人的大部分。他们大部分不识汉字，少数人能讲广东、福建方言。华人接受同化能力很强，古代华人和华泰混血大多已经完全融入当地社会。现代所称的华人已经不包括这部分人在内，即使如此，据粗略统计，在泰华人仍有 700 多万，占泰国总人口的 10% 以上，是除泰人之外最大的族群。

19 世纪中期，旅泰华人以合法而有章可循的形式组织起来。这种组织可分为依方言区设立的会馆、姓氏社团、行业协会和慈善机构四大类。按方言成立的会馆先后有：广肇会馆、海南会馆、福建会馆、客家会馆和潮州会馆等。

在泰国，随处可见华人姓氏宗祠。这些姓氏社团为成员提供相互联系的机会，建立彼此间的友谊，同时也提醒后代人不要忘记中国的传统文化与自己的华人血缘情。目前，泰国有 60 余个华人宗亲总会，并成立了“泰华各姓宗亲总会联合会”。

华人背井离乡来到泰国，大多任劳任怨，艰苦创业。加之长袖善舞，因此在泰国商业中，华商地位举足轻重。来泰国经商居住的华人也带来了他们的思想、生活方式、艺术和知识，为曼谷等商业城市增添了活力和

清新的色彩。18—20 世纪广东潮州人的大量涌入，使潮州话成为当地商埠的通用语言。至今，潮州话仍然是泰国华人使用最广泛的汉语方言。

目前，泰国的华文报纸主要有六家：《世界日报》《星暹日报》《亚洲日报》《新中原报》《京华中原联合日报》《中华日报》。

诗琳通公主在耀华力路和华人一同庆祝春节

马来人

泰国的马来人约有 200 多万，占泰国总人口的 4% 左右。其中 100 万聚居在泰国最南端的四府：北大年、也拉、那拉特越和沙敦，约占当地人口的 70%，其余居住在全国其他地区。

泰国的马来人，特别是南部的马来人大多以农业为生，种植水稻以及橡胶、可可等经济作物。沿海地区马来人多从事渔业。马来人的主食为米饭，喜吃鱼和水果，不吃猪肉。

泰国南部四府在历史上曾经独立为国，与毗邻的马来西亚的北部地区具有共同的历史渊源和文化特征。该地马来人至今仍保持着马来文化和马来人传统，并且信奉伊斯兰教，遵循伊斯兰教规行事。

高棉人

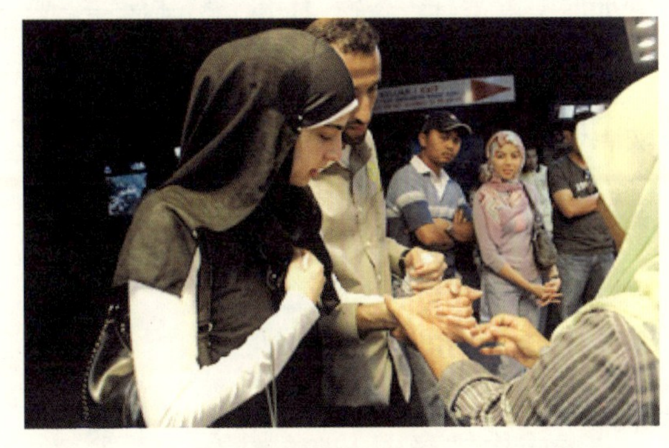
泰国信奉伊斯兰教的马来人

泰国境内的高棉人可分为两类：上高棉人和山地高棉人。主要分布在与老挝和与柬埔寨接壤的泰国东北、东南几府。其中的上高棉人专指泰国境内的高棉后裔，分布在素辇、武里喃、乌汶、黎逸、巴真武里等府。他们保持着高棉人的文化传统，讲柬埔寨语。生活习惯和宗教信仰与柬埔寨人无二。山地高棉人分布在靠近柬埔寨、老挝的泰国东南部山地，有“帅人”、“梭人”、“布鲁”、“雅库人”等分支。山地高棉人大多从老挝南部迁来，各分支在物质文化和经济生活方面有很多相同点。最典型的就是还有很多人保持刀耕火种的原始生活方式。据统计，泰国境内高棉人现总计 60 万～80 万。

孟人

孟人是东南亚地区最早皈依小乘佛教的民族。公元 3—5 世纪、6—7 世纪及 12 世纪期间，孟人在今天的泰国境内曾陆续建立了一些小国，孟人文化在泰人文化发展史上留有深刻的烙印。而孟人后裔在泰国所有非主体民族中，融合程度最高，只有极少数孟人仍保留着自己的民族特征。现在泰国境内孟人约有 10 万人，主要分布在泰国的中西部以及曼谷周围。

山地民族

山地民族是对居住在泰国北部和西北部山区的各少数民族的统称。例如,巴通族、甲伦族、拉祜族、苗族等,接近缅甸山区的少数掸族人。

除此之外,泰国还有大量来自亚洲其他地区、欧洲、北美长期居住在泰国的人口以及大量非法移民。不过由于泰国人口基数大,所以这些人只占总人口的很小一部分。

3. 民俗

泰族构成泰国人口的主体,泰国其他各族民众在衣食住行以及礼仪等方面的风貌,也深受泰族的影响。

衣

拉玛一至拉玛三世时期普通妇女装束

拉玛一至拉玛三世时期王室女子装束

拉玛四世时期普通妇女装束

拉玛五世末期普通妇女装束

泰国各地服饰

北部人传统服饰

东北部人传统服饰

中部人传统服饰

南部人传统服饰

泰国平民喜欢穿传统的泰式服装。传统服装的男子上装为对襟短衫，女子上装则为贴身小衣，短短地吊在腰上，虽式样繁多，但没有裸肩袒背的奇异装束，相对保守些。“男套纱笼，女围筒裙”是形容泰国男女下身着装的一句话。纱笼是一种用布缠裹腰和双腿的服装，下摆较宽，穿着舒适凉爽，至今仍为泰国乡村男子的主要服饰。筒裙是在布的两端宽边缝合成圆筒状，穿时先把身子套进布筒里。泰国传统服装多选用棉、麻或泰丝等衣料。

随着社会的发展和外来文化的影响，泰国人在穿着方面开始渐渐西

化。当代泰国男子习惯穿制服、西装，大多数场合可穿长裤、衬衣，领带系不系均可。农村青年中穿西裤和衬衣的已相当普遍。

泰国人穿衣以整洁和舒适为佳，剪裁合体，穿着合时。尤其是泰国城市女子，受传统服装筒裙的影响，西服裙仍然要求剪裁得能够展示出身材的优美线条。另外，泰国人着装还有两大特色：一是换衣频繁。这其中有天气炎热的原因，但更重要的是，泰国人认为常换衣服表示自己爱好清洁，也是对别人的尊重。因此，在泰国天天换装是很普遍的事情。二是讲究服装颜色的搭配。泰国受婆罗门教的影响，习惯用颜色表示日期，例如星期一为黄色，星期二为粉红色，星期三为绿色，星期四为橙色，星期五为淡蓝色，星期六为紫红色，星期日为红色。这个习惯来源于印度神话，每周七天各对应太阳、月亮以及金、木、水、火、土7个天体，每个天体都有不同色彩的神代表。至今，曼谷王朝王室成员穿衣颜色仍按每天一色，否则就会自贬身份，后来这个习俗流传到民间，即变成泰国服饰中的“七彩文化”。泰国国王普密蓬是在周一出生的，每周一，有很多人喜欢穿黄色来表达对国王的敬仰。

食

泰国人的日常主食是米饭和米粉。泰国北部和东北部人喜食糯米，中部和南部以香米为主。泰国香米软硬适中，口感香糯。米粉是华侨带到泰国的，融入泰餐之中，逐渐成为泰国人喜欢吃的饭食。泰国米粉种类众多，分为汤粉、炒粉、宽米粉、细米粉、鱼肉米粉、肉丸米粉等，往往还要加一点豆芽和辣椒，让人胃口大开。同中国人一样，泰国人也吃包子、面条。古时，泰国人吃饭喜围成一圈席地而坐，菜肴摆放在中间，每人面前有一盘子用来装米饭，吃饭时，用右手抓起捏成小团后才送入口中。随着社会的发展，城市里的居民已改用饭桌吃饭，泰国人的餐具和西方国家类似，餐具为盘、叉和勺。

凉菜——宋当

汤类——冬阳功

花样繁多的泰式菜肴(1)

花样繁多的泰式菜肴(2)

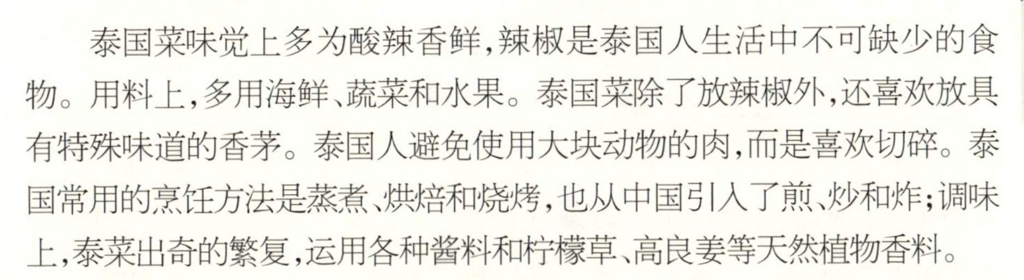

泰国菜味觉上多为酸辣香鲜，辣椒是泰国人生活中不可缺少的食物。用料上，多用海鲜、蔬菜和水果。泰国菜除了放辣椒外，还喜欢放具有特殊味道的香茅。泰国人避免使用大块动物的肉，而是喜欢切碎。泰国常用的烹饪方法是蒸煮、烘焙和烧烤，也从中国引入了煎、炒和炸；调味上，泰菜出奇的繁复，运用各种酱料和柠檬草、高良姜等天然植物香料。

泰国著名的菜肴有泰式酸辣虾汤(又名冬阳功)、绿咖喱椰汁鸡、脆米粉、泰式炸鱼饼、凉拌青木瓜色拉等。泰国菜色彩鲜艳，红绿相间，眼观极佳，不管是新鲜的蔬菜瓜果，还是石斑鱼、龙虾、螃蟹等海鲜，都让人们大饱眼福和口福。

除了一日三顿正餐外，泰国人还喜欢吃零食和夜宵。餐后则常吃水果、甜点以及蔬菜色拉等。泰国甜品种类繁多、香甜可口，鲜果、糯米、鸡

蛋是主要成分。

在深受佛教影响的泰国，吃素食是自然和正常的现象。每个星期，在依据泰历确定的日子里，信徒都要去庙里积功德，模仿僧侣吃素。但泰国僧侣也吃肉，不过信仰佛教的人从不自己宰杀动物。随着经济的发展，外来食品对地方口味和特色食品也有很大影响。传统上，泰国人对肉、奶、蛋的需求很少，但在西方食品的影响下，需求在不断增加。西餐和西式糕点越来越受到现代都市人的欢迎。

泰国主要饮食派系

泰国的饮食文化主要分为四个区域特色鲜明的菜系。

北部：以清迈为首的泰国北部地区，是最靠近中国西南部与缅甸的区域。清迈是旧时古都所在，因此有许多旧时流传下来的饮食文化。北部地方的传统主食是以米浆制成的米糕。菜肴部分则以具有中国西南风味的腌生猪肉和咖喱、沙拉为主要特色。

东北部：临近柬埔寨的东北部地区，是泰国环境最原始也比较贫困的地区。其菜肴以口味浓重且辛辣闻名，某些方面东北部的菜肴对于泰国菜也有深远的影响。例如，“东北辣肉”(laab)便是一道极出名的泰国东北部美食。

中央平原：以曼谷为首的中央平原，为泰国饮食文化最为丰饶的地区。也由于曼谷本身为海港，吸收了诸多外来饮食文化，因此发展出一套独特的美食文化。当地出产的海鲜、肉类以及各种丰美的蔬菜与水果，让曼谷成为泰国的美食之都。泰国有名的调味品“鱼露”与“虾酱”都是中央平原的特产。

南部：南部地区以穆斯林与印度、东南亚移民居多。这一带的特色菜系多以咖喱烹海鲜为主。当地拥有丰富的海鲜来源，并加以大量的咖喱、热带椰子(椰奶、椰糖以及椰肉)烹调，口味重、辛辣。

住

泰国现代常见住宅

泰国公寓楼

传统泰国人喜临河而居，为防止河水高涨以及毒蛇蝮蝎的侵扰，其住宅多为竹木结构的高脚楼，结构上与中国云南、广西等地少数民族的竹楼相似。分为上下两层，上层住人，屋层由数根竹木高桩高高托起。

下层无墙，只是数根桩柱，以作饲养牲口、碾米、储藏物品等用。有楼梯连接上层房屋，梯前有水缸和洗脚盆。因为传统泰人皆赤足而行，登上房屋需洗脚，所以有“梯阶未曾干”形容宾客常满之家，也常作为家有待嫁美女，引得无数“痴男”登访的含意。

泰国另一颇有特色的古民居叫作“浮屋”，早先为渔民在河上建造的。一般在临近岸边的地方，先将粗直木桩埋入水底，再将竹筏拴在木桩上，然后在竹筏上建造房屋。水上浮屋上部建筑与高脚楼相似。需要搬迁时，解开铁链或者粗绳，整栋房屋便可漂浮而去。浮屋随河水水位升降，湍流急时，浮屋就会摇摇晃晃，名副其实。在水网密布的泰国，水上浮屋曾是泰民族住宅的主要形式。曼谷王朝拉玛三世时，湄南河一带浮屋达 7 万栋，居民 35 万人。而今曼谷及邻府地区的水上浮屋逐渐消失，而由浮屋发展而来的临江固定式房屋，依然非常普遍。

随着经济的发展，泰国居民的居住条件也发生了巨大的变化。城市居民大多住在泰式风格的钢筋水泥结构的建筑中，但这些建筑也大多保留着重檐尖顶的民族风格。

曼谷为国际化的城市，在建筑业繁荣的 20 世纪 80 年代中期，虽然各种风格的建筑都传入泰国，但是源远流长的佛教文化，具有高度艺术水平的佛寺建筑对泰国商业建筑的影响仍十分明显。位于拉玛四世塑像附近的泰国饭店是一幢 20 层高的建筑物，主楼平面设计为六角形，立面上下收分。塔楼顶层设计了一个高大的金色塔尖，使人看后自然联想到泰国传统纪念建筑“塔”的形象。位于芭提雅的皇家海滩饭店，也是现代派的旅游建筑。雪白的墙面，大片茶色玻璃以及大面积的锯齿形阳台完全是现代建筑的风格。但这幢建筑物的入口门廊却设计成传统的琉璃大屋顶，门前的喷水池中“端坐”着一个吹箫佛教徒的青铜雕塑。现代派的主楼和传统式的门廊就这样结合起来。

除曼谷外，泰国城市一般规模不大，但是发展极快。城市人口逐年增多，但是住房率却一直高于人口增长率，因此没有出现像中国一样住房紧张的局面。另一方面，虽然与人口增长相比，泰国的住宅建设并不滞后，但是由于经济发展不平衡，泰国社会存在着贫富悬殊的现象，这在住宅方面也体现得比较明显。高楼林立的曼谷，也有 300 多处贫民窟，居住着曼谷十分之一的居民。

行

泰国交通四通八达，公路运输和航空运输发展迅速。目前，全国 77 个府都有公路运输。

曼谷堵车现象曾经非常严重，这迫使泰国政府花大气力发展交通设施。而今曼谷的轻轨、地铁、高架高速桥都很便捷，也大大缓解了地面交通的压力。但其他府则多数没有公交，也见不到出租车，代之以双条车、“嘟嘟车”等具有地方特色的交通工具。不少旅游景区还有马车和大象，供游客代步游览。近些年，泰国各地盛行摩托车出租业务。乘客可当面议价，比出租车便宜。它最显著的特点是灵活、机动，遇到塞车或者等待红灯的时刻，摩的则能在汽车夹缝中左拐右拐，畅通无阻。

2009 年《杜拉拉升职记》在泰国取景。剧中有一景即杜拉拉乘坐一种左右摇摆的机动三轮车而吓得花容失色，给观众留下了深刻的印象。

其实这种机动三轮车就是“嘟嘟车”，因其跑起来发出“嘟、嘟、嘟”的排气声而得名。这种三轮车的外貌十分平常，没有什么惊人之处：车身矮小，可乘坐两三人；顶遮车篷，可挡雨淋日晒；四周敞开，既通风凉快，也可观赏街景。

来到泰国的许多观光客尤其是西方游客，男男女女三两人，很

喜欢坐“嘟嘟车”游曼谷，体验泰国特有的风情。的确，乘坐“嘟嘟车”别有一番情调：惬意地坐在车上，可一边随意说笑，一边尽情饱览车流、人流、寺庙建筑等交织而成的流动“风景”；传统与现代、东方文化与西方文化在此完美交融的气息扑面而来；对于曼谷的交通更将获得真切的感受。

极具泰国风情的“嘟嘟车”

2003 年 APEC 会议在泰国举行，为了让与会领导人“感受泰国一种传统而独一无二的公共交通时尚”，东道主还安排包括中国国家主席胡锦涛、美国总统布什、俄罗斯总统普京等领导人，乘坐“嘟嘟车”到码头观看表演。这也是泰国政府别出心裁的推广“嘟嘟车”之举。

（部分选自罗钦文随笔：《曼谷随笔：街头独特风景线——“嘟嘟车”的景致》，有删改。）

此外，泰国各地长途客运均很发达，曼谷市有东行、南行和北行 3 个长途汽车总站，通过长途汽车路线网，可抵达国内各个城市。沿 3 号公路，2 小时 30 分可抵达芭堤雅；沿 4 号和 402 号公路，7 小时可抵达普吉；沿 1 号和 106 号公路，9 小时可抵达清迈。

泰国私家车拥有率较高。根据2010年尼尔森调查报告指出，20岁以上的泰国成年人中，约有3成拥有汽车，总人数约1 400万。在全球汽车市场中，泰国人拥有汽车的比例仅次于美国、德国、英国与韩国，高居第5位，同时也是东南亚地区之最。

满载乘客的宋条

大象“车”队

曼谷轻轨

曼谷地铁

礼仪

泰国人十分注重礼貌、礼节，崇尚仪式。作为一个宗教国家，泰国社会的礼仪习惯基本上渊源于佛教，具有鲜明的民族特色。目前常见礼仪大致有四类：宗教礼仪、王事礼仪、国事礼仪以及个人日常礼仪。

双手合十礼：泰国人见面尤其是初次见面的时候，不喜欢握手。男

女之间尤其如此。当然受到西方文化影响的政府官员和都市白领阶层例外。但是俗人是决不能和僧侣握手的。在泰国，人们普遍行合十礼。合十礼源于佛教的合掌礼，其动作是双手合掌十指并拢，置于胸前，稍稍低头，同时说声“sa-wa-di-ka（女）/krap（男）”。不同的场合，面对不同的人，合十手掌高低有所不同。民众拜国王，双手高举头顶；晚辈拜长辈，双手需高举，高度标准为低头让指尖轻触鼻尖。平辈相见时，双手可放置胸前。

向王室或者僧侣行礼

向长辈或上级行礼

平辈行礼

宗教礼仪：去寺庙访问，穿着要整洁保守，进入殿堂要脱鞋脱帽，表情要肃穆，并且保持安静；妇女入庙拜佛要穿过膝裙装；在寺庙里，男女信徒多行跪拜礼。泰国禁止僧侣和妇女有任何接触，乘车时，妇女也不能和僧侣坐在一起。

王事、国事礼仪：泰国人非常崇敬国王和王室，公开批评王室是大忌。在影院或者公共场合中播放关于泰国国王的影像或音乐的时候，应当起立致敬；遇到王室成员出行时，行人或行车也应当停下以示敬意；当听到泰国国歌时，行人也应原地驻足，待国歌结束后继续行走。

态度平和：泰国人说话音量较低，行动的时候也特别注意身轻音小，大声喧哗被认为是很没有教养、很不礼貌的表现。任何一种发脾气的表现都会使泰国人感到窘迫。几乎所有介绍有关泰国旅游的书中，都会赞誉泰国为“微笑的国度”。美国旅游作家迈拉·沃尔多女士曾经说过，“虽然一些旅游册子喜欢夸大，但这句话却绝对是一句真实的描述”。

禁止摸头，禁止以脚对人：泰国人认为，头是最神圣的部分，所以泰国人绝对不会用摸头来示好，小孩子的头也不例外。拿东西的时候忌讳从头上越过，如果必须穿越别人头部，要表示歉意，否则就是失礼。由于过去泰国人常赤脚走路，因此脚被视为低下肮脏的部位，翘脚趾人也被视为对他人的不敬。

右手为上：泰国人认为，左手是不干净的，递东西的时候用右手，在正式场合或者在表示对别人尊重的时候，要双手奉上。在接别人递的东西的时候同样也不能用左手。

尊卑有序：泰国是一个注重等级观念的国家。在地位较高的人面前走过时，需要恭敬地俯身低头，轻轻快步。晚辈在坐着的长辈面前，要俯下身子甚至跪着回话。晚辈向长辈行礼，长辈可不必回礼，而以点头或微笑回应。此外，僧侣、皇亲贵族也不会在普通人行礼的时候回敬。

4. 宗教

泰国是一个宗教信仰浓郁的国家。95%的泰国百姓信仰佛教，因此泰国素有“黄袍佛国”之称。但佛教泰国并不排斥其他宗教信仰，伊斯兰教、天主教、基督教和印度教——多个宗教在这片国度上与佛教和谐共存。泰国设有“宗教事务所”管理宗教事务。

泰国宗教信仰简表

		基本规模	组织机构
佛教		教徒数量:28 万僧人、10 万沙弥 信徒规模:95% 寺庙数量:40 000 主要分布地区:全国各地都有分布	域首长,每个区域下设 18 个部域,管辖 3 ~ 4 个府;僧侣最高领袖为僧王。
伊斯兰教		信徒规模:3.8% 寺庙数量:3 000 主要分布地区:多数分布在泰国南部那拉特越、也拉、北大年三府。少数在曼谷和泰国北部	名为"泰国穆斯林全国委员会",下设各府委员会,并在部分府设立教区,建立清真寺。泰国境内还有穆斯林各级学校 200 余所,最高学府是曼谷的"泰国穆斯林学院"。
基督教	天主教	教徒数量:180 000 信徒规模:0.8% 寺庙数量:400 主要分布地区:曼谷	天主教在泰国分为两大主教区:曼谷大主教区和沙功那空大主教区。全国性组织有泰国天主教总会、青年基督教学生会。
	新教	寺庙数量:100 主要分布地区:曼谷、清迈、宋卡、也拉和那空巴统等府	设立于曼谷的"泰国基督教协会"为其最高组织,在国内设有 12 个教区。
印度教		主要分布地区:曼谷	领导中心是"印度教达摩大会",此外还有"印度教平等协会"所领导的印度教改革派"印度教平等"组织。
婆罗门教		寺庙数量:20 主要分布地区:曼谷及南部碧武里到那空是贪玛叻府一带	最高机构为"泰国婆罗门教会"。
锡克教		信徒规模:0.1% 主要地区:曼谷	阿卡礼派最高领导机构为"斯里古鲁辛格大会"

注:新教、印度教和婆罗门教信徒占泰国信徒总数的 0.1%

佛教的传入和发展

据史学考证,公元前 3 世纪佛教从印度传入泰国,之后大乘佛教在泰国北部和中部开始传播。到 12 世纪,小乘佛教(泰国称为上座部佛教)由缅甸和斯里兰卡先后传入泰国。公元13世纪素可泰王朝建立之后,统治者开始大力提倡佛教。兰甘亨大帝就积极引入并极力推行经过改造的小乘佛教。此后,小乘佛教成为泰国佛教的主流并延续至今。泰国至今仍使用佛历纪年,释迦牟尼圆寂之年为元年。佛历等于公历加上543年,公元2010年为佛历2553年。

大乘佛教教义为渡世,视拯救众生为最高目标;小乘佛教偏重渡己,把"毁身灭智"作为最高目标。

大乘佛教认为佛有很多,而小乘佛教只尊奉释迦牟尼为佛祖。另外,小乘佛教认为修行在一定程度上是有等级制的。

泰国佛教在世界佛教领域中也有重要的影响。1963年,总部设在缅甸仰光的世界佛教徒联谊会因缅甸国内的政治动荡,无法正常工作,在泰国政府的支持下,世界佛教徒联谊会总部迁往曼谷的泰国佛教协会总部。1969年,泰国政府为该协会修建大楼。从此,该联谊会永驻泰国。该联谊会的主席也一直由泰国佛教徒担任。曼谷也成为世界佛教的中心。

佛教派别

泰国佛教分为法宗派和大宗派两派。

法宗派是曼谷王朝拉玛四世时期所创立的佛教宗派,僧侣多为王室贵族,所属寺院较少但多为国寺,享受优厚的布施。法宗派重视佛

仪式中的泰国僧侣

学教育，热心弘扬上座部佛教文化，所以威望较高。法宗派教规严格，要求手不持金银财宝，不看、不听歌舞，托钵必须双手，外出时袈裟披覆两肩，在室内露右肩，覆左肩。行路必须赤足。任何细小的戒律也必须严守不违。

大宗派是泰国早期的上座部佛教，僧侣以平民为主，在普通百姓中有着广泛的影响。全国的寺庙大多属于大宗派。大宗派持戒稍宽，行路允许穿鞋，身上可以带金钱，早晨化缘左手持钵。大宗派外出时袈裟覆右肩，露左肩，在室内披覆两肩。此外，大宗派和法宗派在诵经的音韵、职责等方面也有所差异。

虽然法宗派掌握着僧界领导权，但因大宗派在人民中的影响比法宗派大，所以泰国官方在举行皇家仪式等重要场合时，要邀请两派僧人参加，并按照大宗派方式诵经。在僧王任命僧团长老时，也根据僧龄和德行来任命，而不管是哪一派。同时，由于两派都在同一个僧王和僧团中央机构领导下，所以两派尚能相安，共同存在，各自发展。

佛教与众生

九世王普密蓬出家修行图

数百年来，佛教对泰国的政治、社会、文化生活一直都起着重大影响。在泰国庆典、新法令颁布时，常请僧侣主持佛教仪式；从剃胎发、剃髻、婚礼一直到葬礼，每种人生仪式都要经过佛事的洗礼，可以说佛教礼仪贯穿于人的一生。而泰国的合十礼就是泰国人们深受佛教思想的烙印。

1956 年 10 月，泰国当今国王拉

玛九世普密蓬剃度出家，在玉佛寺做了半个月的和尚。他和普通僧人一样，身披黄色袈裟赤脚走路，一样照例前往佛统拜佛，每天托钵化缘。

泰国宪法规定，国王必须为佛教徒，曼谷王朝从拉玛一世到拉玛九世，无一不是佛教徒。拉玛四世继位之前，修行长达27年。泰国信佛男子剃度出家，需要修行3个月，现在虽然没有具体时长的规定，但如果男子婚前不出家，泰国人总觉得是一件人生憾事。所以男子即使短期出家，也是件值得庆贺的大喜事，送行之日，亲友敲锣打鼓，边走边唱。这些短期出家者和普通僧侣一样，清晨托钵化缘，过午不食。不少人黄袈披身，终日听佛声悠扬，甚至会习惯这种生活，决意终生潜修佛理。

佛教中对泰国人民影响最重的即“中道观”。该观念包含着世间事务的均衡，不走极端的思想内容。这也促成了泰国人民温柔敦厚、不偏激的民族性格。泰国佛教对经济最重要的影响是促进了旅游事业的发展。佛教是泰国旅游业的一大特色，也是泰国最重要的创汇部门之一。佛教的文化、建筑、节日、仪式等，构成“黄袍佛国”的系列景观。

民众礼佛

佛教与教育

泰国古代教育是随着佛教的传播而出现的，僧侣们为了讲授佛经知识和佛寺戒律等需要而识文认字。由于僧侣除了诵经拜佛、做佛事以

短期出家的小僧侣

外，不必为衣食住行担忧，也就有了更多的空余时间学习多种知识和技能。于是僧侣是教师，佛经是课本，久而久之，佛寺便承担了学校的作用。另外，泰国人也习惯将孩子送入寺院做僧人的差使，一来可以减轻家庭的生活负担，二来可以掌握一定的文化知识和做人的道理。在寺院中能够学习基本的读写技能和佛教的道德信条，这对于社会和家庭都是有益的。因此，寺院教育不仅成为社会教育重要的组成部分，而且对传统家庭教育和学校教育也产生了重大影响。

曼谷王朝拉玛五世时期，泰国效仿西方的教育制度，开始进行教育改革，民间学校相继建立，但为了适应人们的传统习惯，现在很多学校依然建在寺院内或以佛寺名称命名。泰国现在有两所佛教大学。佛教大学的学生除了学习佛教知识外，也学习现代自然科学和社会科学。1958年以来，佛教大学开始倡导“星期日佛教学校”运动，利用休息日为市民举办佛教讲座，举行剃度出家仪式，广泛传播佛教文化。泰国僧侣还经常出国留学，与世界佛教界交流。

古代，泰国的教育是依附于佛教的，有了现代教育之后，佛教又渗透到现代教育之中。普通的大中小学及海、陆、空三军等各类学校，都设有佛学课程，由精通佛学的僧人兼任教授。各学校还建有神龛和佛堂，每天清晨总有学生带来鲜花供放在神像前，学生遇有烦心事或考试之前，也喜欢到佛堂打坐以静心和求得佛祖的保佑。

佛教昌盛中的寺庙

寺庙在泰国除了奉佛之外，也扮演着重要的社会角色。不少寺庙仍为教育提供场所，同时也是主要的慈善场所，部分寺庙为无法生活的鳏寡孤独提供场所，并且还是居民集会和避难的场所。每逢节日庆典，民众都不约而同地涌入佛寺，祈祷祝福。在泰国政局动荡时刻，冲突双方常常先把示威区内的老幼妇弱转移到寺庙中再行动。甚至还有寺庙收养动物，如泰国北碧府西部的帕朗塔布寺，本来是泰国众多寺庙中一座很普通的寺庙，如今却以领养从偷猎者枪口下抢救下来的老虎而闻名，人称“虎庙”。

无论是走在曼谷的繁华街头，还是穿行在乡间小路上，金碧辉煌、富丽堂皇的建筑大多是庙宇、佛塔，数量之多令人惊叹。高耸入云的大厦前总会修一座精致的佛塔，整日香火不断，打扮入时的都市人举香虔诚跪拜，穿黄色袈裟的和尚在高楼林立的闹市中默默地沿街而行。

三、经济

1855年,《鲍林条约》签订之后,存在了400余年的封建土地所有制全面崩溃,泰国开始走上资本主义发展道路。20世纪80年代后期,泰国经济发展迅速,以由农产品出口为主的农业国家向新兴工业国家转变。然而1997年的金融危机让泰国长期一蹶不振。2010年,泰国在经历金融危机出现经济衰退后触底回升,实际国内生产总值同比增长7.8%,创下自1996年以来的历史最高水平。2010年,瑞士洛桑管理学院全球各国竞争力排名,在58个参评的经济体中,泰国排名第26位。2014年世界经济论坛公布最新2013—2014年全球竞争力报告数据显示,泰国的竞争力排名在全球148个参评经济体中,排名第37位。

1. 农业——东南亚粮仓

泰国农业各门类概况表

种植业	主要作物为水稻、橡胶、木薯、甘蔗、玉米、烟草、热带水果。
渔业	以海洋渔业为主，占渔业总产量的 90%。
畜牧业	主要养殖物为猪、鸡、牛。
林业	以落叶林为主，占森林总面积的 70%。

种植业

泰国地处热带，雨量充沛，适宜农作物生长。20 世纪 60 年代后，泰国改变过去单一种植稻谷的局面，在“农业多元化”战略的指导下，开始广泛种植各种经济作物。在外向型经济的带动下，“多元化”逐渐形成规模。2008 年，泰国政府制定 12 年农业发展战略。战略计划在全国实施“农作物分配区”项目，即对现有的农业用地进行合理规划和分配，按照地域、地理、气候等因素并结合农作物的生长特性对农业用地进行分区分品种生产，以最快速度发展农业经济。

泰国主要农作物有稻米、玉米、木薯、橡胶、甘蔗、绿豆、黄麻、烟草、咖啡豆、棉花、棕榈油、椰子等。尽管农业产值在国内生产总值中的比重已从二战后的 50% 下降到 2009 年的 8.9%，但农业在泰国经济和社会结构中仍具有重要地位，在未来长期规划中仍然被确立为国家第一产业。泰国的农作物多用于出口，是重要的外汇来源之一。

泰国各地区种植概况表

主要种植区	自然条件	主要作物
中部湄南河三角洲	河渠纵横，土地肥沃	稻谷主产区，另盛产甘蔗、玉米、木薯
东北部呵叻高原	河谷宽浅，但较为干旱	稻谷、木薯
北部山区	森林茂密、水资源丰富	稻谷、棉花和烟草
南部半岛	终年气候湿热，适宜热带农作物生长	橡胶

稻谷　稻谷是泰国最重要的农产品。2009 年，全国从事稻谷耕种的农户达 371 万户，种植面积为 6 935 万莱（1 莱合 2.4 亩）。2009 年，粮食出口为 857 万吨，占世界大米市场的 25% ~35%，为世界第一，泰国因此有“东南亚粮仓”的美名。

橡胶　20 世纪 30 年代，泰国开始在南部地区大规模种植橡胶。由于气候适宜，泰南至今仍是橡胶的主要产区。目前，橡胶是泰国仅次于大米的重要农产品。随着国际市场对橡胶需求量的激增，泰国橡胶种植业一路猛进。1983 年，橡胶种植面积为 142 万公顷；2003 年为 188 万公顷，橡胶产量为 261.5 万吨；到 2009 年，种植面积达 270 万公顷，年产量 330 万吨。目前泰国有 600 多万人从事橡胶生产、加工和贸易，约占全国人口的十分之一。

早在 1991 年，泰国即成为世界最大的天然橡胶生产国和出口国。泰国生产的天然橡胶有 90% 被出口到世界上 70 多个国家和地区。从 2003 年至今，中国一直为泰国天然橡胶最大的出口国。

木薯　由于木薯耐旱性及抗虫能力强，易种植，目前泰国种植木薯的府已有 45 个，主要产区位于泰国东北部、北部和中部。东北部的呵叻府是泰国最重要的木薯产地，种植木薯的农户数占全国木薯总农户数的五分之一。2009 年，泰国木薯种植面积约 829 万莱，种植户约

51.3 万户，木薯总产量约 3 009 万吨，其中 2 343 万吨用于国内市场，其余出口。

泰国是世界上第三大木薯生产国，同时也是全球最大的木薯制品出口国。泰国依托东盟各国与中国、韩国等国家签署的各项自由贸易协

当今泰国最具经济价值的十大农作物表

1	橡胶	6	饲料用玉米
2	单季稻	7	棕榈
3	双季稻	8	榴梿
4	制糖用甘蔗	9	椰子
5	木薯	10	菠萝

当今泰国种植的主要农作物表

粮食和饲料 单季稻 双季稻 玉米 小米 绿豆 木薯 甘蔗	**油料作物** 黄豆 花生 棕榈 芝麻 椰子
纤维植物 麻 棉花	**水果** 香蕉 红毛丹 榴梿 山竹 龙眼 菠萝
蔬菜 蒜 嫩玉米 葱头 大葱头 大辣椒 西红柿 马铃薯	**经济木材** 咖啡 橡胶 **其他作物** 胡椒 烟草

议，使得木薯粒、木薯粉实行关税减免，从而木薯制品在国际市场上的需求呈大幅增长趋势。泰国国内，木薯也因为价格便宜，从而取代糖蜜成为乙醇生产的原料，需求也呈增长趋势。因此，泰国木薯种植业发展前景广阔。

热带水果　泰国是著名的“水果之乡”，水果品种齐全，产量高，收获面积大。随着东盟自由贸易区的建立和发展，泰国水果为重要的出口产品，并在国际市场上享有很高的声誉。2003 年，泰国水果出口额在全球位居第 17 位，热带水果出口额跃居全球第 4 位，其中榴梿、龙眼、红毛丹的出口量已位居全球第一。

渔业

渔业是泰国仅次于种植业的重要产业部门。泰国是世界主要鱼类产品供应国之一，是位于日本和中国之后的亚洲第三大海洋渔业国、第一大产虾国。泰国从事渔业生产的人口约 50 万人。曼谷、宋卡、普吉等地是重要的渔业中心和渔产品集散地。

海洋渔业占整个泰国渔业的 90% 以上。泰国海岸线全长约 2 614. 4 公里，分东西两侧：东侧为泰国湾，西侧为安达曼海。泰国湾海岸线比较平直，岛屿较少，地质平坦，宽 150 公里，平均水深 40 米，较深处也只有 80 米，渔场面积为 34. 28 万平方公里，是泰国最重要的渔场。由于有湄南河等四大江河的注入，沿岸及沿海沼泽地又都是红树林，入海淡水富含有机物质，饵料生物丰富，因此该渔场鱼类等水产资源相当丰富。据泰国渔业局估算，泰国湾的最高持续渔获量为 91 万吨，其中底层鱼类 77 万吨，中上层鱼类 14 万吨。安达曼海海岸曲折，山脉延伸入海，形成众多岛屿，海渔场面积为 19. 42 万平方公里。据泰国渔业局估算，安达曼海区的最高持续渔获量为 29 万吨，包括底层鱼类 20 万吨，中上层鱼类 9 万吨。

目前，泰国淡水养殖面积为1 100多平方公里，淡水养鱼所占的比例还不到10%。因此，政府大力发展淡水鱼养殖，大大小小的淡水养鱼场有近100个。

由于水产品容易腐烂，所以泰国出口的水产品一般都经过速冻或罐装。泰国是全球最大的冻虾出口国，出口量在20万吨以上，占全球冻虾出口的三成以上。

畜牧业

目前，泰国畜牧业已经走向集约化经营，形成以养殖牛、猪和鸡为主的生产布局。在猪牛畜类上，政府引进了美国、瑞士、德国、丹麦和澳大利亚的优良牲畜品种，并采用杂交育种和人工授精的科学手段增加牛肉和乳制品产量。但由于宗教信仰以及接连的疯牛病、口蹄疫等的影响，泰国养牛业整体发展不快。养猪业虽然一直保持稳步增长的势头，但主要为满足本国国内需求。养猪业也存在生猪饲养成本较高、卫生条件差、生猪疫病防治不力等问题，制约着泰国猪肉走向国际市场。

禽类养殖中养鸡业发展最快，也是泰国成功参与国际竞争的典范。泰国养鸡业正是在鸡肉出口的带动下发展起来的。1973年，泰国鸡肉首次走进国际市场，出口量仅137吨，到2010年，达40万吨，约538亿铢。

这一成果是泰国政府与企业的密切配合而取得的。欧盟市场对禽类进口有着很高的检疫标准，并且还有动物福利、转基因、环保等多重贸易壁垒。在政府督导下，泰国企业从卫生入手，严把质量关，保证了泰国鸡肉的高质量。政府则在对外谈判、技术协助和资金扶持方面，成为企业有力的后盾。民间协会组织也发挥了积极作用。目前，泰国有鸡肉加工出口协会等17个畜禽业方面的民间协会组织。这些泰国民间协会组织通过不同渠道帮助会员推进出口，协助退税，与政府合作对企业进行

ISO 的培训;不定期召开会议,为各成员提供最新的市场情况、价格、趋势等服务。在国际市场家禽价格下跌时,肉鸡出口联合会常进行有计划的减产。目前,泰国是世界第 7 大肉鸡生产国、第 4 大肉鸡出口国。

2. 工业——以出口为导向

泰国现代工业在 20 世纪 60 年代早期才开始起步,但泰国工业以出口为导向,靠大量制成品的出口实现了拉动经济增长,从而也促使制造业成为泰国工业的支柱产业。

制造业

泰国制造业起步较晚,二战前仅有部分简单的初级产品加工业,如碾米、榨糖、烤烟等,1979 年还只占国内生产总值的 21% 。但随着泰国进口替代战略和出口导向战略的相继实施,泰国制造业的发展步伐加快。20 世纪 80 年代初,制造业产值已超过农业。80 年代到 90 年代前期,泰国制造业产值平均增长率更是高达 15% ,而且门类增多,结构趋于多样化,在劳动密集型产业蓬勃发展的基础上,资本密集型和技术密集型产业也相继出现并发展迅速。制造业已成为泰国比重最大的产业,也是主要出口产业之一。目前,泰国制造业门类主要包括农产品加工业、汽车摩托车装配及零配件生产业、纺织服装业、电子电器业、建筑材料业以及珠宝、玩具、家具、鞋类、皮革等制造业。

农产品加工业

泰国工业化进程的一大特征是充分利用其丰富的农产品资源发展食品加工及其相关的制造业。泰国碾米业,香米加工技术相当先进,很多企业拥有世界上先进的大米生产加工设备,使泰国香米经过绿色检

测、多重洗米、激光色选、振荡抛光、综合抽检等8道严格工艺，有效地保证了泰国出口大米的质量。

罐头业是泰国最重要的农产品加工行业之一。泰国的金枪鱼罐头、沙丁鱼罐头、菠萝罐头和水果浓缩汁罐头等产品在质量与贸易量上均处于世界领先地位。主要出口欧美市场，近些年出口额在30亿美元左右。

制糖业为泰国传统的加工行业，但直到20世纪90年代后才有较快发展。泰国甘蔗出糖率只有10%，但泰国制糖厂多建立在甘蔗种植区内，从而实现集约化经营，能够在国际市场的价格中保持优势。2008—2009年，泰国食糖产量总计720万吨。

纺织服装业

长期以来，纺织业为泰国的一大出口产业，每年为泰国创下巨额外汇收入。据泰国工业部统计，泰国目前有纺织厂近5 000家，90%的工厂设立在曼谷及近郊。纺织业就业人口有100多万。

泰国纺织业已经形成了完整的产业链，从纤维加工、纺纱、织布、编织、染色、后整理、家纺和成衣一应俱全。其中成衣业比例约占77.7%、人造纤维业占1.4%、纺纱业占5.6%、织布业占5.5%、针织业占5.5%、染色业占4.3%。2009年，纺织服装年出口额达27.89多亿美元，占全球市场的1.3%。美国是泰国纺织服装的最大买家，占泰国全部出口的三分之一强，其次是欧盟、东南亚、东亚和中东地区。

由于泰国纺织品50%以上用于出口，而服装用原料50%需要进口，这些都使得交货时间较长。泰国大部分出口为低利润的OEM(贴牌生产)产品，加之泰国的劳动力成本比东南亚周边国家都高，甚至高于印度尼西亚、越南两倍。这些因素制约着泰国纺织业的进一步发展。

汽车制造业

泰国的汽车工业起步较早，20世纪60年代就吸引了美国福特公司投资办厂。政府于1972年大力推动零配件国产化。1991年,政府改变工业发展策略,逐步倾向自由贸易,通过取消成品车入口禁令及降低成品轿车及零配件成品进口税等方式刺激市场竞争。泰国投资促进委员会(BOI)于1994年再次给予投资汽车装配厂商优惠,促进泰国汽车工业迅速发展。1997的亚洲金融危机导致泰国汽车工业陷入低谷。至1999年,政府刺激经济措施开始生效,泰国国内汽车工业开始稳步发展。2008年年末世界经济危机初露狰狞,泰国汽车厂商由于提前提高了警惕,并未遭受太大损失。

目前,泰国是东南亚国家中最大的汽车制造基地,拥有年产100万辆车的生产能力,同时也成为亚洲第五大汽车生产国,世界第二大轻型卡车生产国。汽车工业现在已经发展成为泰国的第一大支柱工业。

泰国工业部负责汽车产业的宏观控制和调整,其下设的泰国汽车工业协会负责具体产业政策和发展计划的制订。

泰国现有14条汽车生产线,包括日本的丰田、铃木、尼桑、三菱、本田、马自达等,以及欧美的奔驰、福特、通用、沃尔沃等。宝马在亚洲唯一的一条生产组装线,也坐落于泰国。外国厂商中,日本厂商约占9成,其中丰田、铃木和本田分别占泰国汽车市场总份额的36%、25%和12%。就乘用车而言,丰田和本田是泰国市场的最大赢家。

泰国汽车工业在发展之初以组装为主,之后零部件生产也迅速发展,其中橡胶和塑料零部件最具竞争力,出口量最大的则是轮胎。泰国国内汽车零配件生产企业除供应本地汽车制造企业外,还是国际品牌汽车制造企业的全球战略下的产业链环节,以OEM的形式向外输出产品。泰国OEM企业共有700余家,OEM厂商极为重视产品质量。在日本汽车制造商协会的评级中,泰国汽配行业质量在亚洲名列前茅。2010年,通用汽车从泰国购买10亿美元的零件,是2009年的10倍。

2013 年泰国登记注册的小轿车数量前 10 位品牌表 （单位:辆）

顺序	牌子	顺序	牌子
1	TOYOTA	6	CHEVROLE
2	HONDA	7	FORD
3	ISUZU	8	MAZDA
4	MISUBISHI	9	BENS
5	NISSAN	10	BMW

资料来源：泰国汽车工业协会、泰国工业部

随着汽车工业的迅速发展,其制约问题也日益凸显。一方面严重缺乏技能型劳工,泰国约有 20 万名熟练工人,但仍不能满足需求;另一方面,缺乏上游钢材企业,目前泰国汽车工业年均需要 400 万 ~ 500 万吨高质量钢铁,而这些都需要从他国进口,导致成本增加。目前,工业部正在积极制订计划,一方面拨出预算,促进企业培训国内技工;另一方面,也在计划投资汽车上游的钢铁行业。

能源工业

泰国能源上对外依赖比较大。目前,泰国石油完全依赖进口,石油进口额占泰国所有进口总额的 20% 左右。

20 世纪 70 年代,在泰国湾发现大量天然气,很大程度上改变了泰国能源紧缺的状况,成为泰国最重要的自产能源。泰国电力资源中,利用天然气发电量占 64.83% ,煤炭发电量约占 16.04% ,形成了对天然气的过分依赖。由于泰国湾的天然气储量并不丰富,有专家预计只能开采约 19 年。因此从 2000 年起,泰国就开始进口天然气。目前,泰国国内天然气需求量的 28% 仍需从国外进口。

2010 年,泰国发电功率总和约为 300 亿瓦,根据泰国电力开发发展计划,未来 15 年,泰国发电功率将增加到 500 亿瓦至 540 亿瓦。2007 年泰国的能源发展规划中,把火力发电、可再生能源、风能、太阳能、植物废物和城市废物等都列入发电的来源，力图伴随着未来电力需求的增长，把天然气发电的比重降低到40%以下。另外，泰国政府还积极推动建设核能电站项目。近年来，为解决电力短缺及环境污染问题，泰国制订计划大力发展清洁的可再生能源。2011年年底，泰国内阁通过了国家能源政策委员会提交的替代能源发展计划，计划从2012年到2021年，利用10年时间将替代能源占能源组合中的比例从7%提高到20%，2022年至2030年，泰国希望充分利用替代能源发电的潜力，以弥补国家能源缺口。

建筑业

建筑业为泰国经济发展的重要领域之一。从20世纪80年代后期开始，大量外资涌入房地产行业，推动了建筑业的迅速发展，但也导致泰国房地产价格急剧上涨，催生了不少经济泡沫。1997年经济危机后，泰国房地产市场房价平均下跌了15%～20%。随后数年，泰国建筑业一直处于较低迷状态，不少建筑企业倒闭。

为振兴建筑业，泰国政府在公共领域启动了多个大型基础设施建设工程，如曼谷素万那普国际机场的建设，曼谷地铁、轻轨的建设。在私人投资领域，泰国也出台了一系列优惠政策，如降低房地产业营业税，免除二手房转让所得税等。从2003年起，泰国建筑业开始恢复活力。2013年，泰国建筑行业总产值为1万亿泰铢。

泰国当地有实力的前十位承包商基本上统揽了本地特大型、大型政府项目。相比之下，外国承包商处于劣势地位。泰国对外国承包商在投标、经营业绩等方面还采取了较为严格的市场准入考核。外国承包商所用外汇管制受当地《外汇管理法》严格监管。工程项目质量、安全、进口材料等方面基本采用国际标准。尽管如此，中国在泰国建筑行业仍然占据一席之地，早在1980年，即有中国公司在泰国涉足工程

承包业务。目前，中建、港湾、中冶、中水电、水电建设等近30家具有对外经营权的中国企业在泰国开展业务。截至2005年9月底，中国企业在泰国签订工程承包和劳务合同总额约33.4亿美元，完成营业额约18.6亿美元，主要涉及房建、水利、道路、桥梁、港口、冶金、铁路、电信等领域。

珠宝首饰业

泰国珠宝首饰业是从20世纪80年代中后期迅速发展起来的出口产业。1985年，泰国珠宝首饰的出口额仅为3.14亿铢。2008年，泰国珠宝及首饰开发研究院公布，泰国珠宝及首饰出口额为2 700亿铢，成为仅次于计算机和汽车的第三大出口商品。同时，泰国也是全球最重要的珠宝首饰生产国之一，年产量占全球珠宝首饰生产量的2%。

近十年来，泰国珠宝首饰业非常重视行业的人力资源建设和开发。他们不但努力扩大从业人员的数量，而且不断培养高素质的人才，特别是宝石专家、设计师、工艺师和珠宝首饰经营商等方面的人才，以提高该行业的国际竞争力。泰国拥有专门的珠宝及首饰开发研究院，设立珠宝研究中心，提高行业科技水平和认证能力；在国内举办各类国际珠宝展销会和学术会议，推动泰国成为国际珠宝及首饰中心；制订市场开发计划，泰国旅游局、商业部、珠宝生产商协会等合作开拓出口市场。

泰国虽然以生产红宝石和蓝宝石闻名于世，但国内的宝石产量早已不能满足产业发展需求，现在主要依靠从缅甸、斯里兰卡等周边国家进口。为了进一步扩大国际市场的辐射面，目前泰国珠宝首饰业销售计划将触角伸向中国、俄罗斯和中东等购买力强的新潜力市场。

3. 服务业——迎来开放契机

服务行业涵盖了物流、公益事业、通信、航空服务、金融银行、旅游、酒店、医疗、影视制作、广播和娱乐等，劳务中介、信息共享业务、教育和咨询等附属产业也被包括进来。服务业是泰国经济的重要组成部分，吸收了40%的劳动人口就业，世界银行称泰国服务业是“创造就业岗位的主导产业”。

与1980年到2005年期间泰国服务业劳动生产率增长缓慢的情况大相径庭，目前借助政府政策导向和优惠举措，泰国服务业已经形成吸收约1 260万从业人员，就业需求以每年5%速度递增的发展规模。

遭遇了1997年东南亚经济危机、2004年印度洋海啸的重创、2008年至2010年国内政治示威升级发生恶性事件，以及金融风暴引发全球经济危机、希腊等欧洲国家债信危机等不利因素下，泰国服务业尤其是旅游业一次次被延缓发展。在泰国政府刺激经济措施扶持下，众多服务业项目获得政府陆续下拨专款，促使行业升级，大力发展整合知识、技术、技能和文化资源于一体的创新经济，倡导推出具有更高附加值的产品和服务。

目前，泰国正面临着全面开放金融、运输及电信业的新契机，但某种程度上，对国内企业来说，开放带来的是更多的激烈的竞争压力。泰国和美国欲签署自由贸易协议，从2004年至今，已经进行了6轮多自由贸易协议谈判，美国希望泰国政府取消各种限制并放宽禁止外籍人士在泰国从事39项职业的规定，但数轮谈判每次均遭到泰国国内有关利益集团及民众数万人的强烈抵制。由此可见，泰国服务业虽迎来契机，但距离全面开放却遥遥无期。因此，外资在泰国经营服务业和提供服务方面仍受各种措施和法规的限制，如各行业的外资持股比例规定、外资经营某类行业须获得泰国政府的准许等。泰国除了对外资在泰国建立企业

设置了限制条件外,《外国人工作法》还规定了禁止外籍人士在泰国从事的 39 项职业,如农业、牧业、美容美发及理发业、工程业、建筑业、设计业、导游业、旅行社、律师和法律服务业等。

零售及批发业

近些年,零售及批发业依托旅游业的发展,从传统经营模式迅速向现代化、国际化经营模式转变。

外国零售企业挟雄厚资金大量涌入,而泰国政府也未出台限制国外大型零售企业扩张,保护本地传统中小零售商的政策,从而"家乐福"(Carrefour 法国)、特斯可(Tesco 英国)、"万客隆"(Makro 荷兰)等国际零售业巨头纷纷进驻。而在淘汰了大批落后的企业之后,泰国也培育出一批有实力的本土零售商,打造如卜蜂莲花(LOTUS 正大集团旗下)、尚泰百货(Sentral City 尚泰集团)等知名品牌。

泰国便利店连锁零售形式也同样如火如荼。"7-11(泰国正大集团旗下)"、"fammily-mart(日资)"等连锁店遍布泰国城乡。泰国连锁便利店店面不贪大,选址却大有讲究。以在泰国经营最成功的 7-11 连锁便利店为例,几乎每一家店的面积都很小,一般只有 50 平方米,最大的也不超过 200 平方米。便利店参与现代经营模式,销售额已占现代零售业的 45%,成为泰国拉动内需的有力引擎。

政府财政及金融服务业

政府财政　1997 年东南亚经济危机后,泰国政府在财政领域采取多项措施以恢复泰国经济的活力。首先是低利率政策,通过持续降息来刺激经济;其次是扩张性的财政政策和宽松的货币环境来鼓励投资。2008 年全球经济危机后,泰国实施适应性货币和财政政策,从而继续拉动泰国经济增长,但随之而来的财政赤字也大幅增加。

2005—2010 年泰国实际财政收支表 （单位:亿铢）

	2005	2006	2007	2008	2009	2010
收入	12 668	13 394	14 770	15 458	14 097	16 789
支出	12 500	13 600	15 890	15 826	18 030	16 278
差额	168	-206	-1120	-368	-3 933	511

资料来源：泰国国家银行

金融自由化与1997年金融危机 20世纪80年代,泰国的金融体系仍处在政府的严格管制之下。90年代以来,泰国政府实施了一系列金融自由化政策,以改善国内金融业的服务水平并提高其在国际上的竞争力。在银行和金融公司方面,中央银行取消对商业银行的各种定期存款利率的最高限,经中央银行批准的项目贷款的数额不受限制,允许外国金融机构在泰国设立分支机构,放宽对金融机构在其他企业中的所有权的限制等;在外汇方面,允许泰国自然人和法人在境内的商业银行开立外币账户,允许泰国的自然人和法人在不需要得到中央银行许可的情况下每年到国外投资500万美元,允许外国人在泰国境内的银行开立泰铢账户,而且可自由提取并汇往国外等。此外还取消了黄金进口的配额限制,并设立了外汇市场。外资企业可在外汇市场上采取多种方式集资,如发行股票、债券等。

进入90年代之后,在国际货币基金组织的积极推动下,泰国在条件不成熟的情况下随大流,放松对资本账户的管制,从而使大规模外资尤其是短期借贷资本迅速流入。这一方面确实促进了泰国经济的高速发展;但另一方面,由于其金融调节和监管能力的不足,泰国背负了大量外债,1996年,泰国外债总额占国内生产总值的59.7%。与此同时,外来资本催生了大量泡沫,从而使金融机构产生大量不良贷款,1996年高达200亿美元。外资大量涌入后,泰铢一路走强,到1995年升至24.9铢兑1美元,被明显高估。

1996年到1997年，国际投机商开始阻击泰铢。在经过几回合的较量后，1997年7月2日，泰国宣布放弃十余年盯住美元的汇率政策，开始自由浮动，泰国金融危机开始蔓延整个亚洲。仅在1997年给世界投资者造成的直接经济损失就高达7 000亿美元，是一战经济损失的两倍多，其中亚洲共损失5 160亿美元。2002年，泰国国内生产总值恢复到危机前的水平。

近些年，随着泰国经济的复苏和政府金融监管能力的增强，泰国外债数额正在逐年下降，债务结构也有了明显改善。泰国国际储备水平逐渐回升。泰铢币值在2010年已经升至31铢兑1美元的历史新高。

银行 1942年颁布的《泰国银行法》规定泰国银行为泰国的中央银行。商业银行系统是泰国金融体系的支柱，提供现金管理、资金运营、投资、大中小企业业务、零售业务金融服务，还涵盖证券、保险、租赁、租购、保理、基金管理和私人财富管理金融产品等全能金融服务，由泰国银行负责监管。截至2009年12月，泰国商业银行系统包括14家全能银行、2家零售银行、15家外国银行分行和1家外国银行子银行。

其中泰华农民银行是泰国唯一一家有泰、英、中三种服务语言的银行，为每年数十万计的来泰中国游客提供金融服务。此外，泰国目前还有十几家外国银行的分支机构。

目前，中泰金融界都纷纷看好彼此的金融市场，并逐步开展金融业务。1982年，盘古银行在中国就已开展业务，目前在中国上海、深圳、北京和厦门都有分行。2010年，中国工商银行并购泰国ACL银行，正式进入泰国市场。更名后的工银泰国承接了原ACL银行的客户、资产和业务，成为泰国的一家全国性商业银行，在泰国共拥有19家分行。

为进一步加强中泰两国央行和金融业的合作。2010年9月28日，中国人民银行和泰国银行行长特里莎共同签署了泰国银行在华设立代表处协议。

专业金融机构 专业金融机构是支持政府落实经济政策、向特定群体提供金融支持的政策性金融机构，由财政部监管，包括政府储蓄银行、农业合作银行、政府房屋银行、泰国进出口银行、泰国中小企业发展银行、次级抵押公司、泰国伊斯兰银行、泰国资产管理公司和小型企业信贷担保公司等。其金融服务范围涵盖了住宅信贷、中小型企业信贷、进出口信贷以及小额信贷等。专业金融机构能够为各类客户服务，特别是无法从商业银行获得信贷的低收入客户群体。截至 2009 年年底，专业金融机构在泰国金融体系中约占 16% 的资产份额。

非银行金融机构 包括由泰国中央银行监管的财务公司、房地产信贷公司，由保险业监管委员会和财政部监管的人寿保险公司以及由农业部监管的农村信用合作社，及消费信贷公司、金融租赁公司等。截至 2009 年年底，非银行金融机构在泰国金融体系中约占 12% 的资产份额，其中人寿保险业占有绝大部分份额。

资本市场 包括股票市场、债券市场以及相关的证券公司、基金管理公司等。证券公司和基金管理公司占泰国金融体系 10% 的市场份额。泰国证券监督管理委员会是泰国资本市场的监管机构，负责制定证券市场监督、促进、发展及运营方面的法律法规，以确保资本市场的公平发展，提高运营效率，保持长期稳定发展，以及增强泰国证券市场的国际竞争力等。

泰国证券交易所于 1975 年开始正式运营，为上市证券进行交易提供必要的证券交易系统，从事与证券交易有关的业务，如票据交换所、证券保管中心、证券登记员及其他服务等，以及从事证券委员会批准的其他业务。新兴股票投资市场是从属于证券交易所的二板市场，主要为中小企业提供有选择的资金渠道、为债转股的债务重组提供方便、鼓励风险基金向中小企业投资并提供更多的投资机会和分散投资风险。

泰国债券交易中心自 1998 年起从原来从属证券商协会的债券交易

系统吸收银行等机构加入而形成，是债券市场投资者的交易平台，提供各种债券交易信息和形成较强自律性的债券交易管理机构。

交通与通信业

与东南亚其他各国相比，泰国拥有较为先进的海陆交通设施。以曼谷为中心，形成航空、铁路、公路、海运和河运五大部门组成的交通网络。在通信上，近年来泰国政府不断加大通信、电力基础设施的投入，使整体硬件环境有了较大的改善。

飞行中的泰航航班

航空　泰国拥有包括28个民用机场在内的航空运输网络，国内航线遍布全国21个大中城市，从曼谷飞往这些城市均需1个小时左右，有53个国家80家航空公司在泰国设有固定航线89条。

曼谷素万那普国际机场是东南亚第二大机场，东南亚地区最大的空运转运中心。历时45年耗资300亿美元建成，有50万平方米的世界最大航站楼，有两条跑道和120个停机位，每小时可起降76次，年客流量达4 500万人次，年货运量达300万吨。距离曼谷市中心25公里。其他国际机场分别位于普吉、清迈、合艾、清莱以及苏梅岛。

铁路　以曼谷的火车总站为中心，有北、东北、东和南四线通往全国47个府。铁路轨道主要为窄轨，总长4 451公里。泰国的铁路运输适合长途运输或者载重运输，但铁路线和车站有限，覆盖面不广。交通部下属的泰国铁路局负责铁路系统的运营。

主要铁路网络线：

北线至清迈府，全长851公里。

南线至南部泰马边境，为最长的铁路线，达1 144公里。

东线至泰柬边境的巴真武里府亚兰县，其中在北柳府可转往春武里府。

东北线至湄公河畔、泰老边境的廊开府，这条线与北线在北标府汇合。

泰国的铁路系统与马来西亚铁路系统连接并直达新加坡，从廊开府越过湄公河连接老挝首都万象。泰国内阁已批准与中国合作建设三条高速铁路，分别是曼谷—廊开线、曼谷—泰马边境线和曼谷—罗勇线，其中前两条是从中国昆明经老挝万象，泰国廊开、曼谷，泰国南部边境直至马来西亚的跨国铁路的组成部分。

公路　泰国拥有东南亚最完善的公路运输网络，总里程超过390 026公里，其中384 176公里（占总里程的98.5%）使用混凝土或沥青铺设。泰国陆路交通系统由交通部陆路交通管理厅、公路厅、高速公路管理局等机构分别负责规划、建设、经营、管理。

目前，泰国有4条主要公路干线：

1号公路——北线公路，从曼谷到清莱府，长1 007公里。

2号公路——东北线公路，从曼谷到廊开府，长508公里。

3号公路——东线公路，从曼谷到哒叻府，长387公里。

4号公路——南线公路，从曼谷到合艾府，长1 247公里。这条公路路况最好，并延伸到马来西亚境内。

亚洲公路网政府间协定于2004年4月26日签署。这一协定加强了泰国与32个亚欧国家之间的陆路贸易和交通运输。泰国境内的亚洲公路全长5 111公里。

大湄公河流域公路网包括泰国、老挝、越南在内的南部经济走廊；东

西连接缅甸、泰国、老挝和越南;南北贯穿中国华南、老挝、缅甸、泰国;南海岸经济走廊连通泰国、柬埔寨和越南。

水运 泰国拥有2 614.4公里长的海岸线以及4 000公里内陆水路。在沙、石、水泥、稻谷等长途大宗货物的运载上,水路运输和海港的基础设施仍起着至关重要的作用。

目前,泰国拥有122个港口、码头,包括8个国际深海港口,容纳出海进行国际贸易的船只。主要位于泰国东部海岸的廉差邦,南部海岸的宋卡府、沙敦府、那拉特越府、普吉府以及拉侬府,提供了超过450万个标准箱的存放场地。

曼谷的港口承担全国95%的出口和几乎全部进口商品的吞吐量。海运线可达中、日、美、欧和新加坡。

历史上,河运曾经是最主要的运输方式。湄南河是河运的主动脉。雨季时,吃水两米以内的船只可由泰国湾沿湄南河上溯700公里直达乌哒叻滴,但旱季时仅能到那空沙旺,通行能力只有雨季时的一半。汇入湄南河的巴塞河、挽巴功河、他真河和夜功河,也具备较强的通航能力。北部清莱府的清盛港和清孔港,通过湄公河—澜沧江国际航运水道可直达中国云南的景洪港和关累港。泰国东北部的湄公河尽管水浅流急,但仍有部分河段可通航小型船只。

物流业

物流业对泰国经济的发展具有非常重要的意义。因为泰国经济的70%依靠出口贸易,所以物流业能促进泰国国内外贸易交流、货物和服务运输,直接影响到本国出口业的发展。

2010年,泰国物流成本占国民生产总值的17% ~19%,属于较高水平。而发达国家该比例为9% ~11%。2010年,世界银行对全球150个国家物流绩效做了评估报告。该评估报告中,泰国得分3.29分,排名第

35 名。第一是德国,得分 4.11。中国 3.49,排名第 27。

但是泰国物流业仍然面临很多问题。从物流管理上:泰国物流业因为缺少多种能为行业提供便利的软硬件设施,而无法大幅削减成本。进出口手续过于冗繁也制约了泰国物流业的发展;另外,泰国公路需要进一步升级,泰国铁路网的设计缺少计划性和系统性,覆盖面远不能达到需求。海运存在运费、手续费不断升高,船只数量减少,集装箱数量不足等问题。素万那普机场免税区还不足以创造附加值;泰国物流业急需理论知识储备充足同时兼备管理和操作能力的高素质人才。

通信业

泰国的电信设施品种繁多,主要有固定电话、移动电话、通过 ADSL 与因特网连接、卫星调制解调器以及拨号连接等方式。泰国信息通信技术部负责国家信息电信网络的规划、促进、开发和管理。国家电信委员会(NAC)负责电信频率资源的分配、电信经营许可证的审批发放和对电信企业的监管。

泰国主要的电信服务商包括国有的泰国通信机构(CAT)、泰国电话机构(TOT)以及私营的 AIS、DTAC、True 等。CAT 和 TOT 在泰国电信运营市场中占据支配地位。CAT 经营国际通信业务、移动通信业务和邮政业务。TOT 经营国内固定电话业务、移动通信业务以及通往邻近国家的国际长途电话业务。私营企业主要经营移动通信业务、互联网业务以及其他增值电信业务。

为加快电信业和国民经济的发展,泰国政府对电信市场体制进行了一系列改革,其主要内容一是实行政企分开和民营化,二是打破垄断、引入竞争。另外还有更多的私营企业,特别是中小企业进入电信服务市场,电信经营主体更加多元化。根据 1997 年达成的《WTO 基础电信协议》,泰国从 2006 年开放了包括基础电信业务和增值电信业务在内的电

信服务业市场，允许外资经营。2014 年，中国移动(China Mobile)宣布将出资 68.2 亿港元购入泰国最大电信运营商之一 True Corp 18% 的股权。

4. 未来发展问题和风险

自 1961 年实施国家经济与社会发展计划以来，泰国为经济的快速发展付出了巨大的代价，如乱伐森林、过度开采自然资源，加重了资源枯竭、环境污染；因环境的恶化导致了死亡、疾病以及汽车交通事故的发生率升高；奢侈品的消费增加；资产与收入的差距进一步加大，生活费用几乎与收入同步增长等都影响着经济的稳定和持续发展。

泰国国家社会及经济发展委员会负责拟定 2012—2016 年第 11 份社会经济发展五年计划。该委员会认为，泰国社会未来遇到的风险主要有 5 类：

(1) 政府管理不力。官员以权谋私，公务员工作效率低下，导致社会贫富差距增大。

(2) 经济结构无法适应持续增长，过于依赖出口。汽车、电子、化工等行业还使用大量廉价劳工，商业垄断不利于行业竞争。

(3) 人口结构不合理。主要表现在年龄、素质及学历、人口老龄化、儿童及劳动力减少，劳动力不足。

(4) 社会道德退步。民众关心个人利益多于关心公共利益，科技的进步，网络的普及，使得人与人交流减少，未来家庭问题将增多。

(5) 自然资源减少，异常天气频繁，全球暖化，自然灾害增多，影响农产品生产，导致粮食问题。

主要参考文献

引述部分网站资料

泰国政府网站 http://www.thaigov.net/

泰国宪法法院官方网站 http://www.constitutionalcourt.or.th/

泰国中央选举委员会官方网站 http://www.ect.go.th/

泰国国家肃贪委员会官方网站 http://www.lrct.go.th

泰国国家审计委员会网站 http://www.econnews.org

泰国国家旅游局官方网站 http://www.tourismthailand.org/

泰国国防部官方网站 http://www.onec.go.th

泰国教育部网站 http://www.moe.go.th/

泰国中央银行网站 https://www.bot.or.th/

泰国投资促进委员会网站 http://www.boi.go.th

泰国日报网站 http://www.banmuang.co.th

曼谷邮报网站 http://www.bangkokpost.net/

泰叻报网站 http://www.thairath.co.th

泰国国家电视台网站 http://www.nationchannel.com/

泰国每日新闻报网站 http://www.dailynews.co.th/

PBS 电视台网站 http://event.thaipbs.or.th

泰国民主党官方网站 http://www.democrat.or.th/

泰国为泰党官方网站 http://www.ptp.or.th/

泰国开泰银行网站 http://www.kasikornbank.com

泰国移民局官方网站 http://www.immigration.go.th/

1. 朱振明:《当代泰国》,成都:四川人民出版社,1993.

2. 田禾,周方冶:《泰国》,北京:社会科学文献出版社,2005.

3. 盘谷银行:《鱼与熊掌,能源与粮食冲突中的泰国商机》,2010 年第 66 期;《泰国纺织服装业蓄势待发》,2010 年第 56 期;《路遥知马力——泰国汽车工业发展近况》,2010 年第 55 期;《饭香不怕巷子深——小析泰国旅游业的发展》,2010 第 54 期;《好事多磨:东盟—中国自贸区浅析》,《泰中经贸》,2010 第 50 期。

4. 中国商务部,中国驻泰国大使馆经济商务参赞处:《〈对外投资合作国别(地区)指南〉——泰国》,2009.

5. 中华人民共和国商务部商务投资促进事务局:《中国对外投资促进国别/地区 系列报告——投资泰国 Invest In Thailand》,2006.

6. 朱振明:《中泰建交 30 年来中泰关系的发展及启示》,《东南亚》,2005.

7. 周方冶:《泰国 2007 年宪法对政治转型的影响》,《亚太地区发展报告 No. 8,2008.

8. ฐานเศรษฐกิจ(2555) “ค้าปลีกไตรมาสแรก2550:ลุ้นหนัก...แข่งดูดกำลังซื้อ”จาก

9. อภินันทร์สู่ประเสริฐ(2552)“ผลของการขยายสาขาของธุรกิจค้าปลีกขนาดใหญ่ต่อร้านโชห่วย”,ในสารวิจัยธุรกิจปีที่10 ฉบับที่47 ธันวาคม2549 จาก

10. อภินันทร์สู่ประเสริฐ(2549)“ผลของการขยายสาขาของธุรกิจค้าปลีกขนาดใหญ่ต่อร้านโชห่วย”,ในสารวิจัยธุรกิจปีที่10 ฉบับที่47 ธันวาคม2549

11. สมรภูมิค้าปลีก..ถึงเวลาBIGCHANGE”(2552)ในสยามธุรกิจฉบับที่962 ประจำวันที่10 มกราคม–13 มกราคม2552 จาก

12. มติชนรายวัน(2548),“ส่องกล้องลงทุน“ซัวเถา”แดนมังกร”จาก

13. สถานกงสุลใหญ่ณนครเซี่ยงไฮ้(2551), “เรื่องบริษัทห้างสรรพสินค้าเซ็นทรัลจำกัดเข้าสู่ตลาดจีน”

14. บริษัทเซ็นทรัลรีเทลคอร์ปอเรชั่นจำกัด(2551), “เซ็นทรัลรีเทลสยายปีกรุกต่างประเทศยึดหังโจวเมืองเศรษฐกิจวัฒนธรรมจีนเปิดห้างเซ็นทรัลแห่งแรกในแดนมังกร”

15. The review of the development of world trade in services, กระทรวงพาณิชย์จีน,28มิถุนายน2550(วันที่ค้นข้อมูล 19 ตุลาคม 2551)

16. กิตติลิ่มสกุลคณะเศรษฐศาสตร์จุฬาลงกรณ์มหาวิทยาลัย,การศึกษาเบื้องต้นเกี่ยวกับผลกระทบด้านสังคมการเตรียมความพร้อมจากการเปิดเสรีทางการค้าและบริการทางการศึกษา ,2541

17. สถาบันวิจัยเพื่อการพัฒนาประเทศไทย,โครงการจัดทำยุทธศาสตร์และแนวทางในการเตรียมความพร้อมของภาคอุตสาหกรรมไทยอันเนื่องมาจากการเจรจาWTOรอบใหม่ที่กรุงโดฮา“ภาคการค้าบริการ”, 2547

18. สำนักงานเลขาธิการสภาการศึกษากระทรวงศึกษาธิการ,ผลกระทบโลกาภิวัตน์ต่อการจัดการศึกษาไทยใน5ปีข้างหน้า, 2550

19. ดร.ไพจิตรวิบูลย์ธนสาร, เจาะตลาดจีน, 2551

20. ดร.อักษรศรีพานิชสาส์น,ปักธงรุกตลาดจีน, 2550

21. คู่มือการดำเนินธุรกิจในจีนจัดทำโดยศูนย์ข้อมูลธุรกิจไทยในจีนแปลและเรียบเรียงจาก “คู่มือการดำเนินธุรกิจในจีน” ฉบับปี2005/2006JETRO.

22. สำนักยุทธศาสตร์การค้าระหว่างประเทศกระทรวงพาณิชย์โครงการศึกษาวิเคราะห์และจัดทำยุทธศาสตร์การค้าเชิงรุกของไทยในมณฑลสำคัญของจีน